INVESTIRE IN BORSA CON AZIONI, INDICI ED ETF:

Strategie semplici ma efficaci per chi ha pochi soldi, vuole risparmiare e costruire ricchezza per sé e per i propri figli nei prossimi 20 anni

Flavio Simeri

N.B: I consigli dati in questo libro non vanno intesi come sollecitazione a investimenti o sollecitazione a pubblico risparmio

Il modo della finanza e degli investimenti è pieno di gente che non sa nemmeno di cosa parla.

In Italia sono tantissime le persone che hanno bisogno di una certa cultura finanziaria e di capire come gestire al meglio i propri risparmi.

Ho creato questo libro proprio per darti delle nozioni semplici e basilari che potrai applicare fin da subito e che una volta apprese, ti porterai dietro a vita.

Per aiutarti nel fare le giuste scelte e nell'investire consapevolmente senza commettere errori, ho inserito alla fine di questo testo **3 BONUS AGGIUNTIVI** che ti aiuteranno nel raggiungere e massimizzare i tuoi profitti:

BONUS 1: La **CORRETTA STRATEGIA DI GESTIONE DELLE POSIZIONI DEI TUOI TITOLI**, in base alla situazione del mercato.

Grazie ad essa saprai esattamente come muoverti, quando comprare, quando vendere, quando accumulare pesantemente e quando alleggerire le tue posizioni sia che il mercato salga, sia che scenda, sia che sia in una fase di stallo.

In tal modo potrai massimizzare i tuoi profitti.

BONUS 2: Il mio **PORTAFOGLIO PER UNA RAPIDA RICAPITALIZZAZIONE** i miei titoli con relativi ISIN da cui potrai prender spunto o che potrai (se vorrai) comprare semplicemente facendo copia e incolla sul tuo broker o sul tuo conto bancario.

Considera che questo portafoglio negli ultimi 3 anni ha reso circa il 25% all'anno.

BONUS 3: Gli ETF che uso come **FONDO PENSIONE**, e che acquisto periodicamente. Anch'essi con relativi ISIN, da cui potrai prendere spunto, oppure comprare facendo copia e incolla sul tuo broker o sul tuo conto bancario.

In tal modo potrai anche tu costruirti il tuo fondo pensione, o magari creare un piano d'accumulo per il futuro dei tuoi figli senza dover dipendere da enti statali, dal tuo datore di lavoro o ancor peggio dal promotore finanziario che ha come solo ed unico interesse quello di venderti i prodotti della sua banca (in quanto ci guadagna laute commissioni) anzichè proteggere e/o far accrescere il tuo patrimonio.

Buona lettura !

INDICE

SPECULAZIONE VS INVESTIMENTO: CHIARIAMO I DUBBI

Parliamo della differenza tra investitore e speculatore.

Lo speculatore finanziario è quell'operatore di borsa che investe nel brevissimo periodo e mira semplicemente a trarre profitto dall'apprezzamento e dal deprezzamento di un determinato strumento finanziario.

Può stare sul mercato 10 secondi, 10 minuti o anche qualche mese, ma il suo unico obiettivo è fare profitto dalla vendita di prodotti e strumenti finanziari.

Se, per esempio, esce una notizia sul "X" e lo speculatore vuole trarne profitto, può fare, ad esempio, quello che viene chiamato "Short selling" ovvero, vendere allo scoperto e quindi guadagnare dalla discesa delle borse.

L'investitore invece è ben altra cosa ed ha ben altri obiettivi.

Non cerca di cavalcare l'onda, un trend, o di fare profitto di breve termine, ma mette il proprio denaro nelle aziende per investire nel business dell'azienda stessa.

È un obiettivo completamente diverso.

Troppo spesso le persone separano la Borsa dal mondo che ci circonda, ma in realtà non sono cose slegate.

Nella Borsa sono quotate le aziende che ci forniscono i servizi, quelle per cui lavoriamo, quelle che ci forniscono gli smartphone, i computer, i televisori, eccetera.

È il mondo che ci circonda, e gli investitori mettono i soldi in queste aziende, danno lavoro a determinate persone, creando così il sistema economico.

L'obiettivo dell'investitore è, sì quello di fare profitto (perché ovviamente non fa beneficenza), ma fare profitto nel lungo periodo quindi non a 10 secondi, 10 minuti o un mese, ma in 10, 15 o 20 anni, perché non guarda alle azioni come degli strumenti dematerializzati con il solo obiettivo di fare del profitto o della speculazione.

L'investitore invece ha l'obiettivo di investire nel business, il quale (con le sue operazioni e con il suo management) creerà valore nel tempo e quindi l'investitore guadagnerà da questa creazione di valore che avviene però negli anni, e se vogliamo anche nei decenni.

Quindi ci sono due obiettivi particolarmente diversi e due modi di operare completamente differenti.

Lo speculatore spesso sta davanti ai monitor a guardare le quotazioni, i grafici, le notizie in tempo reale, eccetera, mentre invece l'investitore fa un lavoro completamente diverso, ovvero studiare, fare ricerca, guardare i business model delle imprese e, quando ha informazioni sufficienti, prende le decisioni di investimento e aspetta.

L'investitore, infatti, può stare in perdita qualche giorno, o addirittura anni, con la consapevolezza che, se le decisioni prese sono giuste, quest'attesa verrà ripagata.

Lo speculatore invece va ad investire nella parte dei rendimenti più aleatoria, quella più incerta, cioè quella di breve dove il mercato va su e giù all'impazzata.

È difficile prevedere quello che succederà e quindi lo speculatore tende a proteggersi tramite uno stop-loss o dei take profit, e questo perché in realtà il trader (così potremmo definire lo speculatore), cioè colui che fa molte operazioni nell'arco della giornata o nell'arco di un determinato periodo di tempo, non ha il pieno controllo di quello che sta facendo.

Il trader infatti non va a studiare i fondamentali di dove sta andando a mettere i propri soldi perché il suo obiettivo è unicamente quello di cavalcare l'onda (viene definito "momentum"), ovvero un trend che ha una vita molto corta, tant'è che poi chiuderà le sue posizioni nel breve periodo.

Questo capita molto spesso in realtà per i cosiddetti "trader o investitori allo sbaraglio", cioè quelli che non sanno come funziona realmente la Borsa, perché la Borsa sale o scende, cioè quali sono i fattori (i driver) che portano alla crescita delle Borse.

Oggi dilagano questi broker, questi trader che millantano analisi tecniche e mille operazioni, senza però sapere veramente che cosa muove la Borsa, quali sono i fondamenti dell'Economia e delle Finanze, e soprattutto dove si sta andando a mettere i soldi perché, nel caso ad esempio dell'analisi tecnica, si sta investendo soltanto sulla base delle configurazioni grafiche, le quali però sono solo la punta dell'iceberg.

Queste sono circa il 10% dell'iceberg, il 90% invece si trova al di sotto della superficie marina, questi speculatori basano tutte le loro decisioni, e di conseguenza i loro profitti o le loro perdite, sulla base di un 10% senza avere assolutamente idea della big picture, cioè della situazione nella sua interezza.

L'investitore invece no, studia la big picture e se ne frega della punta dell'iceberg: non guarda ogni giorno le quotazioni, ma principalmente legge, studia e monitora le sue posizioni, il che non vuol dire stare semplicemente davanti al monitor, ma capire che cosa sta succedendo sui mercati e soprattutto se c'è qualcosa di fondamentale che cambia nel business e nelle aziende in cui si è investito.

È un approccio completamente diverso perché l'obiettivo è quello di puntare su pochi fattori ma importanti che esprimeranno il loro valore nel lunghissimo periodo.

All'investitore non importa se la Borsa oggi sale o scende perché quello che a lui interessa veramente non è prendere profitto immediatamente, ma controllare il proprio portafogli di aziende in maniera tale che i suoi studi, le sue ricerche e le sue analisi stiano andando nella direzione giusta, e cioè che le aziende stiano creando valore non oggi ma per il lungo periodo, e che i manager che gestiscono l'azienda stiano facendo il loro lavoro in maniera tale da creare valore per gli azionisti nel lunghissimo periodo.

BISOGNA AVERE TANTO CAPITALE DA PARTE PER INIZIARE A INVESTIRE IN BORSA?

Rispondiamo alla fatidica domanda: bisogna essere ricchi per investire in Borsa?

La risposta è no.

Quello che importa è risparmiare, mettere i soldi da parte, soldi che poi si potranno utilizzare per i propri investimenti.

Ogni giorno si spendono moltissimi soldi in cose non strettamente necessarie come ad esempio caffè, birra, sigarette o smartphone, e raramente ne vale davvero la pena.

La verità è che spesso ci si sente stressati e l'unico modo per tirarci su di morale è quello di farci passare qualche sfizio, di cui spesso ci si pente.

Non è meglio allora pensare a una destinazione più importante per questi soldi?

La risposta è sicuramente sì.

È chiaro che più soldi si hanno meglio è, perché si può rischiare e diversificare di più, e ovviamente fare anche più soldi, però questa non è assolutamente una condizione necessaria.

Ciò che è necessario è, innanzitutto mettere soldi da parte e poi impegnarsi e studiare, perché questo non è un lavoro semplice.

Ci sono tante cose in ballo: il rischio di perdere soldi e quello di erodere i risparmi che duramente si sono messi da parte.

Parliamo quindi di queste due cose.

Il primo punto è mettere i soldi da parte.

L'innovazione c'è dappertutto, anche in finanza, e oggi con l'innovazione finanziaria ci sono una miriade di strumenti là fuori: alcuni di questi sono spazzatura, altri invece sono particolarmente interessanti perché permettono di acquistare anche dei portafogli o comunque di spendere pochi soldi per raggiungere un determinato obiettivo o per diversificare.

Ci sono ad esempio gli ETF, le singole azioni e tanti altri strumenti, in questo l'innovazione finanziaria ci viene in aiuto per utilizzarli anche con bassi capitali.

Sotto questo aspetto quindi non c'è assolutamente nessun problema.

Chiaro è che se si hanno più soldi, c'è il vantaggio che si può giocare di più, si possono creare più strategie: si ha una potenza di fuoco più alta e quindi si può diversificare di più.

Il secondo punto è quello di studiare e imparare.

Un consiglio: non fare da te.

Per investire in Borsa ormai ci vuole un attimo, è facile aprire un conto online.

Questo è un vantaggio se sai cosa stai facendo, ma è uno svantaggio se stai andando allo sbaraglio perché non è assolutamente un mondo semplice.

La borsa offre tante opportunità ma solo se si ha la piena consapevolezza delle proprie azioni.

Se si è alle prime armi non bisogna sovrastimare le proprie capacità: bisogna impegnarsi, studiare, imparare e fare anche un po' di esperienza.

Quello dell'investimento è un processo che non dura giorni o mesi ma anni.

Lo studio è fondamentale perché troppo spesso si sente di persone che hanno perso soldi, bruciato i propri risparmi, e questo è anche misleading perché crea dei luoghi comuni come “la borsa è tutta un caso, è un gioco”, “ci fanno soldi soltanto le banche o i grossi investitori”.

Non è così.

Ovviamente si perde sistematicamente, ovvero investi e continui a perdere, ma le perdite fanno parte di questo gioco.

Si è abituati alla rendita, allo stipendio mensile, ma nel mondo degli investitori e dell'imprenditoria non è così: c'è l'aleatorietà e i risultati dipendono dalle proprie capacità, le quali a loro volta dipendono da quanto si studia, da quanto ci si impegna.

Troppo spesso le persone fanno affermazioni errate del tipo “non si guadagna”, “è un gioco, un caso”, o si crede a complotti come “il mercato è manipolato”, ma non è così: se perdi sistematicamente la colpa è soltanto tua e di nessun altro.

Per questo bisogna impegnarsi, come in ogni cosa, acquisire nuove conoscenze e metterle in pratica.

Nel mondo del lavoro si inizia facendo stage (spesso retribuiti poco e male), man mano si acquisiscono conoscenze e competenze che permettono di assumere posizioni sempre più di rilievo.

In questo modo si diventa più appetibili per le aziende che hanno bisogno di dipendenti esperti e competenti.

Si pensa che le aziende detengano il potere ma non è così, non sono loro ad avere il coltello dalla parte del manico.

Le aziende, in realtà, hanno tanto bisogno di te quanto tu di loro.

In alcuni casi, con impegno e dedizione, si ottengono risultati tanto straordinari che si può pensare si mettersi in proprio aprendo una propria azienda.

Risparmio e impegno è tutto ciò di cui hai bisogno.

NEGLI INVESTIMENTI SI PUO' ELIMINARE IL RISCHIO?

Rompiamo un altro falso mito, un'altra convinzione di chi, non essendo esperto di mercati finanziari e di finanza non si rende conto che quando la Borsa scende non bisogna andare nel panico.

Le Borse in realtà sono più attrattive quando scendono anziché quando salgono ma le persone spesso fanno esattamente l'opposto di ciò che bisogna fare: comprano quando le cose salgono e vendono quando le cose scendono.

Questo perché?

Perché non hanno una strategia e non hanno studiato, non sanno cosa fanno, o magari se fanno trading, basandosi sull'analisi tecnica, non hanno capito niente di ciò che sta succedendo sui mercati e si basano soltanto sulle linee, i triangolini, i cerchiettini che tracciano sul grafico.

Questa cosa non porterà molto lontano.

Cerchiamo di fare chiarezza.

Il discorso è che la gente crede che per investire in Borsa sia necessario anticipare il mercato e che quindi bisogna saper entrare ai minimi e vendere ai massimi in modo tale da non subire i crolli di Borsa, le discese e la volatilità in generale.

No, non funziona così.

Potrebbe, ma la maggior parte delle persone che fa così, fallisce.

Tutti i grandi investitori (trader) sostengono che il mercato non si può anticipare.

È bene fare ora alcuni esempi pratici.

A febbraio 2018 tutti dicevano che il mercato dovesse crashare perché erano 10 anni che aveva visto un'espansione record sia economica che finanziaria (ci si riferisce agli Stati Uniti) a causa del salire delle Borse.

La gente, affermando che ci fosse la bolla speculativa e che le valutazioni fossero troppo alte, aspettava il crash.

A febbraio il mercato scese velocissimamente del 10% e tutti continuavano ad aspettare il crash, tuttavia, circa 10 giorni dopo ci furono nuovi massimi storici e la Borsa salì un po' per poi scendere di nuovo.

Quindi ricapitolando: a gennaio 2018 sale, scende poi velocemente, la gente aspetta il crash ma questo non c'è, ci sono nuovi massimi storici, ritorna a salire per poi riscendere nuovamente.

Gli esperti allora affermano che non ci fosse un fattore causa di tale discesa e quindi decisero di comprare.

Commisero un errore, perché il mercato stornò il doppio rispetto a febbraio.

Al quarto trimestre del 2018, verso fine anno, ci fu una discesa e gli esperti decisero di comprare non essendoci news, eppure il mercato stornò del 20%.

Questo è ciò che accade il più delle volte: succede esattamente l'opposto di quello che ci si aspetta.

Recentemente c'è stata la diffusione della pandemia che, partita dalla Cina, si è poi diffusa in tutto il mondo.

All'inizio i mercati sono scesi poi sono ritornati a fare nuovi massimi storici e, tuto ciò di punto in bianco.

Il mondo è fatto di belle e cattive cose, non esiste la perfezione.

Qualunque cosa ha lati sia positivi che negativi.

Ci sono sempre due facce per ogni medaglia: se si vogliono ottenere dei benefici bisogna tenere conto anche degli svantaggi.

Anticipare il mercato quindi è inutile e deleterio.

Perché?

Innanzitutto perché non lo si può anticipare poichè stai andando ad operare sulla parte dei rendimenti più imprevedibile (cioè quella di breve) e, in secondo luogo, fai un sacco di operazioni e ciò costa (costa in termini di costi di transazione, cioè commissioni, e costa perché beccherai il 99% delle volte il momento sbagliato, perché tu credi che quello sia il momento giusto ma in realtà non è così) e genera stress (controllare costantemente la piattaforma).

Per fare questo lavoro quindi è necessario studiare perché bisogna conoscere il mercato.

Ci sono delle occasioni a mercato.

Non si deve beccare il momento giusto, è necessario porsi una serie di domande: "Dove vado a mettere i miei soldi? In quali azioni? Quali mercati? Quanti soldi devo mettere? Quanto mi devo esporre? In che modo esporsi? In che modo comprare? In che modo vendere?".

Questo è quello di cui preoccuparsi.

Ovviamente per questo bisogna studiare, preparare e costruire una strategia forte e definitiva.

PSICOLOGIA E INVESTIMENTI: QUAL'E' IL VERO PROBLEMA?

E' la pressione psicologica il vero problema della Borsa?

Questo è quello che emerge dal web, ma in realtà non è così; spieghiamo bene nel dettaglio perché.

Iniziamo col dire quello che dicono tutti.

Siccome la Borsa va su e giù e si ha a che fare con l'incertezza e con il rischio, dato che si investe del denaro e quindi si può guadagnare ma anche perdere, si dice che questo mestiere non è per tutti perché non tutti riescono a sopportare la pressione psicologica.

Successivamente ti insegnano a gestire le emozioni.

Per quanto questa cosa sia vera, è solo la punta dell'iceberg.

Il vero problema non è la pressione psicologica: pur essendoci soggetti più ansiosi ed emotivi di altri; il problema fondamentale dell'emotività risiede nella consapevolezza inconscia che noi non riusciamo ad affrontare in una determinata situazione.

In questo caso non riusciamo a capire che cosa sta accadendo sui mercati, quindi vediamo la Borsa salire e scendere e siamo presi dall'emozione.

Magari fai correre le posizioni in perdita e allora ti dicono che devi mettere per forza lo stop-loss altrimenti ti bruci, oppure ti dicono che devi prendere i take profit se la Borsa sale ancora e che te ne devi fregare, insomma ti dicono tutte queste cose ma non ti dicono il vero problema, ovvero che tu avrai sempre pressione psicologica perché non sai come funziona la Borsa.

Loro devono dirti per forza che il problema principale è la pressione psicologica perché nemmeno loro (nemmeno chi fa trading tracciando le linee, guardando gli oscillatori, i volumi eccetera), capiscono la Borsa.

Per esempio, adesso per il discorso della pandemia c'è uno stimolo fiscale e monetario che sta arrivando, c'è un impatto economico-finanziario, ci sono tutti discorsi da fare che loro non capiscono e quindi dànno la colpa alla pressione psicologica.

È l'incertezza che crea la pressione psicologica e lo strumento numero uno per combattere l'incertezza è la conoscenza.

Questo non vuol dire che dobbiamo imparare a prevedere il futuro ma dobbiamo imparare economia, finanza e business.

Economia perché quello che sta accadendo è un problema economico, ma è un problema che si sta riversando anche sulla finanza e quando il problema diventa finanziario, il problema economico diventa ancora più grave.

Infine, competenze di business perché in Borsa si quotano le aziende.

Questo è il problema, l'ignoranza.

Se vi convincete e vi approcciate alla Borsa tracciando le linee, i cerchietti e i triangolini, che sono cose che fanno i geometri e non gli investitori, allora continuate a studiare quelle robe lì e continuate a prendere la direzione sbagliata perché state utilizzando tutte le vostre energie in qualcosa che non vi porterà mai da nessuna parte: continuerete a non capire i mercati finanziari.

Tutti quegli individui che dicono che è necessario guardare i grafici o che non si possono tenere le posizioni aperte perché sennò si va in bancarotta, stanno dicendo cavolate.

Vai in bancarotta se usi la leva e non se sai cosa stai facendo, non se tu sai quanti soldi ci devi mettere, come scannerizzare gli acquisti o le vendite e dove andare a mettere i soldi (perché ovviamente, se non capisci la Borsa, non sai neanche perché quelli sono i driver che fanno sì che determinate società, mercati o strumenti salgano).

È chiaro che devi metterti gli stop-loss, è chiaro che devi fare una determinata cosa come è chiaro che devi farne un'altra, ma uno che fa questo mestiere fatto bene non può finire in bancarotta.

Non puoi finire in bancarotta se sai che cosa stai facendo perché avrai una strategia con cui ti prepari all'evento più catastrofico che possa esistere (osa che ancora non è successa, tra l'altro, perché se ci dobbiamo spaventare per una correzione del 30% allora nel '29 o quando è scoppiata la seconda guerra mondiale cosa avremmo dovuto fare?).

È vero anche che stiamo vivendo dei periodi particolarmente straordinari a livello storico, però ti dicono sempre che devi tracciare le linee, devi fare trading eccetera.

Andate a vedere chi ha fatto i miliardi come Ray Dalio, Warren Buffett, Mark Cuban: loro non guardano le quotazioni, non parlano neanche di prezzi, sanno come funziona l'economia, sanno come funziona la finanza.

Sono investitori, imprenditori, sono persone che non parlano di prezzi ma di rendimenti, sanno cosa sono i premi al rischio ed è questo quello di cui dobbiamo andare a parlare, quello che dobbiamo studiare.

Questo è quello in cui dobbiamo spingere le nostre energie perché altrimenti butteremo ore ed anni dietro grafici, linee, indicatori e oscillatori che non voglio dire niente.

Di fatto la strategia è "segui la massa": se il mercato sale allora compri e se il mercato scende allora vendi.

Si convincono che questo sia il ragionamento giusto ma in realtà è estremamente stupido ed ora capiamo il perché.

Se voi vedete dei soggetti che corrono a destra, poi cambiano direzione andando a sinistra, poi ritornano a destra e continuano questo andamento irregolare, nonostante questi siano la maggioranza, questo non è un buon motivo per aggregarsi a loro.

Forse l'idea intelligente è fare esattamente l'opposto, ovvero fermarsi e chiedersi: perché la gente sta correndo?

Perché prima va a destra e poi va a sinistra?

È importante fermarsi e capire cosa sta succedendo.

Non bisogna fare le cose in fretta e furia.

Dovete fermarvi, pensare e ragionare, altrimenti continuerete a seguire le masse e tutto ciò che fa la massa è sbagliato poiché questa fa delle cose che sono senza la logica proprio perché sono irrazionali, emotivi e non si soffermano a ragionare.

Un esempio sono i trader che al massimo leggono due news e poi ripetono quello che dicono i giornali senza capire quello che dicono.

Questo è grave perché è come guidare una macchina da bendato.

Poi sono convinti che nel training si guadagnino più soldi, quando in realtà chi ha fatto i miliardi in questo mestiere sono tutti investitori e imprenditori.

Perché allora sono convinti di questo?

Perché pensano che facendo il trading loro comprano nel momento giusto e vendono nel momento altrettanto giusto.

Partite dal presupposto che le persone fallite sono quelle che sono andate short perché andare short vuol dire perdere all'infinito.

Questo avviene anche nel caso degli hedge funds: ci sono hedge funds che hanno venduto azioni a 2 $, per esempio, e società che sono arrivate a 15-30 $.

Queste poi saltano in aria perché lo short selling è a leva e tutto ciò che è a leva ha le gambe corte: più è alta la vostra leva più avrete le gambe corte.

Questo è, e questo sempre sarà.

Ma se poi andate a vedere le statistiche dei bravi trader, questi guadagnano meno del 50% delle volte (46-48 % dei trade vincenti).

Voi ovviamente dovete studiare e sapere dove andare a mettere i soldi, ma se andiamo a vedere le statistiche degli investimenti giusti (quindi avete investito nel mercato giusto, nel settore giusto, nelle società giuste eccetera), la percentuale di giorni che il mercato sale e che è in guadagno è tra il 60 e il 70%, dipende poi dallo strumento.

Queste sono statistiche non numeri a caso e mediante queste potrete vedere come tutto quello in cui credete ha delle falle.

ANALIZZARE E INTERPRETARE LE PERFORMANCE IN BORSA

In questo capitolo parleremo di performance e cercheremo di spiegare come leggere i numeri che vediamo quando cerchiamo gli ETF, i fondi, le performance delle azioni, le performance nel mercato e quant'altro.

Prendiamo in considerazione l'S&P 500 e il Vanguard World: qual è il benchmark migliore?

Dipende, perché quando si fa un confronto di determinate strategie, bisogna tenere a mente quella che si chiama "coerenza".

Considerando per esempio un portafoglio 100% equity long (e quindi long only) questo lo si va a confrontare con dei portafogli long only perchè gli indici sono dei portafogli.

S&P 500 è un portafoglio, l'MSCI World è un portafoglio, il FTSEMIB è un portafoglio, il Vanguard World è un portafoglio e così via.

Avrebbe poco senso in questo caso confrontare ad esempio una strategia long short con l'S&P 500 (a meno che non si voglia far vedere come il beneficio di andare anche short potrebbe ridurre la volatilità, ma questo è un altro discorso).

Si riesce in questo caso a fare meglio del mercato andando sempre long, senza gli short, senza usare opzioni, senza usare i futures e senza usare altri strumenti derivati per coprirsi.

Questo è un primo aspetto.

Un secondo aspetto, per la coerenza è: meglio l'S&P 500 o il Vanguard world?

Dipende dalle componenti del portafoglio.

Ma al di là di questo, qual è il benchmark più coerente?

Nel caso di un portafoglio internazionale, per esempio, il più coerente è Vanguard World.

Cosa vuol dire internazionale?

Vuol dire investire nei vari continenti, nelle Americhe, Asia, Europa eccetera.

Capite quindi che di conseguenza, il confronto migliore che si possa fare, al di là della over o sottoperformance, è con un indice mondiale internazionale.

Se voi invece investite in società di grandi dimensioni soltanto negli Stati Uniti allora il vostro benchmark è l'S&P 500, mentre se investite soltanto in Italia allora il vostro benchmark di riferimento sarai il FTSEMID.

Questo è un importante argomento da prendere in considerazione.

Il secondo argomento da prendere in considerazione è quando sovraperforma il mercato.

Questo vuol dire essere un grande?

Non proprio.

La risposta nel 99.9% dei casi è "dipende".

È fondamentale capire l'importanza del contestualizzare i numeri.

Questi infatti sono soltanto la punta dell'iceberg e se non si sanno trattare o non si sa estrapolare l'informazione dal dato (il dato è una cosa, l'informazione è un'altra) si sbaglia e si fanno degli errori.

Sicuramente perdere meno rispetto al mercato è un punto a favore ma, come già detto, è solamente la punta dell'iceberg.

Da una parte si può dire che chi gestisce quel portafogli (le performance con il Vanguard World) sicuramente sa il fatto suo, ma è soltanto una faccia della medaglia.

Il portfolio manager ha appunto degli strumenti a disposizione per cercare di ridurre i drawdown, le correzioni o le perdite (gestione delle posizioni).

È importante ricordare che in borsa dovete essere sempre pronti e preparati al 100% anche al cosiddetto tail risk, ovvero il rischio di coda, quei rischi estremi che sono poco probabili ma basta che succedano una volta per saltare in aria se non si sa cosa si sta facendo.

In ogni caso quindi, l'investitore deve essere preparato al peggio e questo si fa con la gestione del portafoglio, il Money Management, il Risk Management eccetera.

Questa è solo una parte, poi c'è anche di che cosa è composto il portafoglio.

In questo caso, il portafoglio è costruito da un investitore che ha deciso di investire in aziende che secondo lui esprimeranno il maggior valore nel lungo periodo, sulla base di vincoli che sono: quello che conosce, lo studio e la sua analisi.

Ovviamente l'investitore non ha costruito questo portafoglio immaginando come questo potesse reagire ad una pandemia, ma lo ha costruito sulla base dei business che ci sono dietro e a questo particolare shock ha performato bene, proprio perché la maggior parte dei business in cui ha investito non ne hanno risentito più di tanto.

Ogni business e quindi ogni portafoglio reagisce infatti in maniera diversa a determinati shock.

In questo caso, buona parte del portafoglio ha reagito bene e ha prodotto ottimi risultati e questo, unito anche alla capacità di gestione del rischio delle posizioni, ha migliorato ulteriormente le performance: queste ad oggi da inizio anno sono un -1% contro un -11% del S&P 500 e un -16% del Vanguard World.

Il mercato quindi ha fatto qualcosa come almeno 10 volte peggio rispetto al portafoglio.

Come detto in precedenza, l'investitore ovviamente non si è preparato in vista di una pandemia ma quello che ha fatto è stato chiedersi se in caso di crash ne sarebbe uscito vivo.

Se la risposta è negativa allora questo vuol dire non essere un bravo investitore.

Questo aspetto è fondamentale perché si possono fare tutti gli stress test che si vogliono, ma dato che gli scenari che si possono realizzare sono praticamente infiniti non è possibile programmare tutto.

La domanda adesso è: allora chi ha performato peggio del mercato non è capace?

Dipende.

Se ha fatto tanto peggio del mercato si va a vedere la performance dei settori in cui è maggiormente esposto, la si paragona con l'indice dei settori e vediamo che se ha fatto addirittura peggio, allora probabilmente ha sbagliato qualcosa a livello di gestione e selezione dei business.

Questo però non è detto.

Facciamo un esempio: Warren Buffett è uno degli investitori più grandi della storia, sicuramente uno dei più importanti di questo periodo ed investe con la sua società Berkshire Hathaway sia in società pubbliche (quotate in borsa) che private (non quotate, private equity).

Il suo portafoglio di società quotate, quindi società pubbliche, ha avuto particolari problemi negli ultimi anni: problemi con Kraft Heinz, con IBN e più recentemente con la pandemia.

Perché la pandemia?

Perchè in realtà buona parte del portafoglio della società di Buffett è concentrato in finanziari (specialmente bancari ma non esclusivamente, come ad esempio American Express) e società trasporto aereo.

Questi sono due settori che hanno subìto in modo particolare il Coronavirus.

Sicuramente Airlines maggiormente, ma anche i finanziari, subiscono in modo particolare i cicli economici, e chiaramente chi ha l'esposizione a questi due settori ha subìto delle forti perdite.

Ovviamente, non si può dire che Buffet non sappia fare il suo mestiere, bisogna riuscire a contestualizzare e capire qual è l'obiettivo.

L'obiettivo è fare soldi adesso (cioè cavalcare il momentum) oppure fare soldi nel lungo periodo?

Se il vostro obiettivo è far crescere il capitale nel lungo periodo, dovete capire che voi non state mettendo soldi in "robe" che vanno su e giù, ma state investendo nei business, nelle aziende.

Non serve a nulla studiare grafici, dovete capire quello che state facendo e quindi, se volete contestualizzare, dovete andare a vedere i business e fare tutta una serie di considerazioni.

Come sono messe le società in cui Buffett ha investito?

Queste società finanziarie ce la possono fare?

Questo tra l'altro è uno shock che era difficilmente prevedibile.

C'è chi (appena ha sentito parlare di pandemia) si è messo in allerta e ha iniziato a coprirsi pesantemente azzeccandoci, altri invece lo hanno fatto solamente spinti dalla paura, avendo di conseguenza anche ragione.

Come detto in precedenza però è impossibile programmare tutto.

Questo virus avrà degli effetti sia temporanei che strutturali però in buona parte, almeno per quanto riguarda le valutazioni, è un problema di breve-medio periodo.

Dipende infatti da come si evolverà.

È chiaro quindi che le considerazioni da fare devono essere diverse e non bisogna soffermarsi a guardare soltanto il numero ("ho fatto meglio" o "ho fatto peggio") ma è fondamentale capire, contestualizzare e soprattutto farlo bene.

Per farlo bene serve una determinata testa e servono determinate competenze.

Seguire regole non serve a niente, può funzionare certo, ma prima o poi non funzionerà più.

IL VERO PROBLEMA IN ITALIA

Durante il periodo di quarantena, vi sono stati tanti problemi, per esempio non c'erano i soldi e non si poteva uscire di casa e la prima cosa che l'italiano medio fa è puntare il dito sui politici, come anche sulla Germania o sull'Unione Europea.

Mediante un ragionamento piuttosto semplice andremo a capire in maniera molto chiara qual è la vera problematica dell'Italia e lo faremo andando all'origine del problema.

Perché oggi abbiamo uno Stato che fa acqua da tutte le parti?

Perché abbiamo un rapporto di indebitamento così alto?

Perché abbiamo tanti cervelli che vanno fuori dall'Italia?

Perché abbiamo un sistema sanitario nazionale che sta facendo molta fatica per certi aspetti (mancanza di risorse, strumenti eccetera)?

Il problema è tutto riconducibile ad una sola cosa: l'educazione, il sistema scolastico.

Con questo si intende che se è vero che lo Stato siamo noi, allora la prima cosa che non dobbiamo fare quando c'è qualcosa che non va è puntare il dito su qualcun altro, trovare un capro espiatorio.

Seppur l'Unione Europea effettivamente ha dei problemi strutturali, noi come prima cosa non dobbiamo guardare quello che fanno gli altri ma quello che facciamo noi, quello su cui abbiamo il controllo.

E su cosa abbiamo il controllo?

Sul nostro comportamento, su quello che facciamo e non solo adesso ma nel corso di tutta la nostra vita.

E qui nasce il nocciolo della questione.

Qual è la probabilità che mettendo in Parlamento un italiano qualsiasi questo faccia la stessa cosa che stanno facendo tutti?

E qual è la probabilità che invece cambierà il Paese?

La probabilità che cambierà il Paese, così come stanno le cose, è zero e questo perché una sola persona non è sufficiente.

Tutti dobbiamo cambiare.

Il politico che ci rappresenta è come noi, è italiano, è stato pescato all'interno della popolazione italiana.

Questo vuol dire che il problema non è dei politici, non è della Germania non è dell'Unione Europea.

Il problema principale siamo noi: è il nostro sistema, la nostra cultura.

Se a questa stessa persona venisse chiesto cosa ne pensa dell'Italia le probabilità che lui risponda "l'Italia fa schifo" sono altissime.

Non abbiamo patriottismo, non abbiamo fiducia nel nostro sistema, non abbiamo niente, anche per buone ragioni.

Ma il problema qual è?

Il problema è che noi nel nostro piccolo ce ne freghiamo e non rivoluzioniamo.

Si parla spesso in televisione di riforme, ma la prima riforma che bisogna veramente fare è quella dell'istruzione.

È il Ministero dell'Istruzione che va riformato, è la scuola e come viene fatta la scuola, questo perché noi dobbiamo avere un sistema che ci permetta di capire quello che facciamo e quello che fanno i nostri rappresentanti così da poter comprendere le azioni da fare nel momento del bisogno.

Se il sistema scolastico non funziona, la popolazione ha una cultura mediocre, quindi di conseguenza la classe politica avrà una potenza mediocre, l'imprenditoria avrà una potenza mediocre, i cervelli saranno mediocri (e quei pochi cervelli buoni se ne andranno perché cercheranno sistemi più meritocratici), la burocrazia sarà pesante, la giustizia non funzionerà e così via.

Avremo tutti i problemi economico-finanziari perché se i cervelli non ci sono, non ci sono neanche i soldi e quindi di conseguenza anche tutti i problemi socioeconomici.

Questa cosa è un paradosso da un paese che ha puntato molto sulla tradizione, sulla letteratura, sulla storia e così via.

Ma tutta questa letteratura, tutte queste poesie imparate a memoria, a cosa sono servite se poi abbiamo tra i paesi occidentali dei tassi di corruzione piuttosto elevati?

Vuol dire che c'è un fallimento del sistema scolastico e del modello con il quale vengono insegnate le nozioni.

Noi siamo un paese che ci tiene a far imparare le poesie a memoria, allo studio della storia e della letteratura, ma dà meno peso alla logica, al ragionamento e alla matematica e questi sono i risultati.

Questo non vuol dire che la letteratura e la storia non siano importanti: sono importanti nel momento in cui vengono fatte in maniera critica, quando viene fatta un'analisi, quando servono effettivamente a veicolare nella società valori etici e morali per evitare di ripetere errori commessi nel passato.

Quante cose abbiamo sbagliato in passato ma continuiamo a fare?

La storia ce l'ha insegnato eppure non la capiamo.

Evidentemente non la stiamo studiando, ma la stiamo ripetendo.

Quello che ci dobbiamo chiedere è: se la cassiera del supermercato mi dà 5 € di più di resto li restituisco?

Se trovassi un portafogli con 300-400 € lo consegnerei al commissariato di Polizia?

Finchè continuiamo a pensare solo a noi stessi, facciamo nepotismo oppure pretendiamo che lo Stato ci dia questo o che il datore di lavoro ci dia quest'altro senza fare mai niente non andremo mai da nessuna parte.

Possiamo continuare a lamentarci dalla mattina alla sera, ma quello che bisogna realmente fare è rimboccarci le maniche e impegnarci, lavorare per noi e per i nostri figli.

Questo è quello che andrebbe fatto e si può fare quando abbiamo delle persone che sono sensibilizzate, che comprendono cosa sta accadendo e cosa potrebbe accadere se ognuno pensasse solo ai fatti propri e alla propria cerchia ristretta.

All'estero ci sono tanti esempi di patriottismo, noi invece non ne abbiamo.

Sicuramente per certi aspetti non ne abbiamo anche per buoni motivi, ma se continuiamo così possiamo solo fare peggio.

Noi siamo sempre l'ultima ruota del carro: nel 2008-2009 ci sono stati paesi che hanno ripreso alla grande la propria economia mentre noi invece siamo stagnanti.

Ovviamente c'è la colpa dell'Euro, la svalutazione e il fatto che non siamo più competitivi a livello di moneta, però quella è soltanto una faccia della medaglia.

Attualmente a creare preoccupazione è come viene gestito il paese: se abbiamo un popolo che pensa solo a sé stesso, è chiaro che poi quando va in Parlamento e si siede pensa ai fatti propri.

PERCHE' NONOSTANTE CI SIANO DELLE NOTIZIE NEGATIVE LA BORSA SALE?

Perché, spesso, nonostante i dati siano brutti, la borsa sale?

Innanzitutto è importante ricordare come molti informatori dicono che il mercato anticipa e guarda al futuro, peccato però che poi questi stessi soggetti se ne escono con affermazioni come "è tutta una bolla perché i dati sono brutti e il mercato sale" oppure nonostante affermino che il mercato guarda al futuro, loro stessi si concentrano solamente sullo studio del passato.

C'è quindi un'incongruenza tra le parole e i fatti e questo dovrebbe già far capire che c'è qualcosa che non va nelle loro affermazioni e che probabilmente loro stessi non hanno ancora veramente capito come funziona il mercato.

Come già detto in precedenza, il mercato farà esattamente l'opposto di quello che si crede e non è necessario aspettare il picco dei dati: nonostante shortare e tracciare delle linee sia più semplice, bisogna ragionare.

Tra febbraio e marzo 2020 il mercato ha scontato il "peggio" perché tra investitori che non si sentivano sicuri e che quindi hanno iniziato a vendere (nella prima correzione quando è scoppiata la pandemia) e il mercato che è salito e se n'è fregato, ci si è resi conto che questo era un problema più grave di quello che ci si aspettava ed è iniziato il sell off, quindi sono aumentati gli investitori che non si sentivano tranquilli per questa situazione e sono aumentate le vendite.

Questo ha portato da una parte alcuni soggetti spaventati ad uscire dalle posizioni, altri invece sono finiti in Margin Call (cioè hanno bruciato i conti perché continuavano ad investire a leva, a margine, eccetera) e questo ha portato ad un crash caratterizzato da diverse e svariate giornate con perdite che sono arrivate al 35% molto rapidamente.

Qual è quindi il motivo per il quale allora il mercato sale se i dati sono brutti?

Come già detto, la finanza e l'economia non vanno di pari passo: sono strettamente correlate nel senso che non ci sarebbe l'una senza l'altra e viceversa ma la finanza parte prima, sta all'origine, perché genera economia reale.

Facciamo un semplice esempio: come facciamo a generare l'economia?

Per generare l'economia dobbiamo produrre beni e/o servizi.

Per farlo però di cosa ho bisogno?

Ho bisogno di attività produttive, quindi anche del lavoro: devo impiegare del personale, ci sarà del lavoro e poi uscirà fuori un bene e/o servizio che verrà consumato o usufruito e questo mi permetterà di far circolare l'economia.

Il problema è che manca il tassello di partenza: la finanza.

Come faccio a fare impresa se non ho i soldi?

Se non ci sono i soldi non si fa impresa ovviamente.

Sono necessari dei soldi (equity, debito o qualunque cosa) che vengono messi all'interno dell'impresa e con i quali si acquistano i fattori produttivi (compreso anche il lavoro) e si genera economia reale.

Vedete come la finanza sta prima e si muove prima di generare qualunque output possibile e immaginabile.

Stessa cosa, se un'azienda è già avviata e io voglio espandere la mia capacità produttiva o creare ad esempio un uovo bene, dovrò prima fare nuovi investimenti e soltanto dopo andare a lanciare il prodotto sul mercato.

Ancora una volta la finanza si muove prima.

Il buon attore (nel senso di attore economico, il lavoratore, il buon investitore, il buon insegnante, il buon avvocato eccetera) si vede sempre al momento della crisi e non di certo quando le cose vanno bene, lì sono tutti bravi.

Tutto ciò che conta è che gli investitori facciano dei ragionamenti, mettano i dati nei loro modelli (non traccino linee e non guardino la price action, non essendo importante). L'importante è ragionare e chiedersi: "vale la pena entrare sul mercato azionario?" oppure "se non vale la pena entrare nella media quali sono i business in cui invece ne vale la pena?".

Per fare questo lavoro chiaramente bisogna sapere cosa state facendo, studiare e avere una certa testa in grado di capire le correlazioni e le relazioni causa effetto.

Bisogna sapere bene come funziona la finanza e l'economia, sapere come funzionano i business e soprattutto cosa vogliono vedere gli investitori dato che il mercato viene mosso da loro e non dai "traderucci".

L'INTERESSE COMPOSTO

Cosa sarebbe potuto accadere se quelle centinaia di euro che butti ogni mese in spese non necessarie li avessi messi da parte e investiti nei mercati finanziari?

Ipotizziamo di mettere da parte qualche centinaia di euro al mese.

Ne mettiamo da parte in particolare 500 e notiamo un'occasione a mercato.

Con mercato in questo caso si intende il mercato azionario, quindi si sta parlando di rischio.

Questo non è investire in titoli di Stato, né tantomeno investire nei buoni della posta, deve essere chiaro.

Ovviamente il primo giorno, quando parto, il valore del mio portafoglio sarà di 500€: se il mercato fa +1% la mia variazione monetaria sarà di soli 5€.

Chiaramente il mercato può fare anche -1% e quindi la variazione sarà di -5€ dato che stiamo parlando di rischio e il capitale può anche andare potenzialmente a 0 ma tutto questo si sta facendo per far crescere il capitale e non per distruggerlo.

Fatta questa premessa, queste cifre ovviamente sono ridicole: adesso il portafoglio vale 505€ e se c'è un altro +1% a questo punto la variazione monetaria sarà di 5,05€.

Il terzo giorno il portafoglio sarà 510,05€ che con un altro +1% fa 5,10€.

Nonostante queste siano, come detto in precedenza, delle cifre ridicole, è meglio continuare su questa strada piuttosto che ritornare a spendere questi soldi inutilmente perché qui si può andare a sfruttare quello che si chiama effetto Compounding, cioè l'interesse composto. Che cosa vuol dire questo?

Vuol dire che i soldi fanno sempre più soldi.

Questo ne è un esempio perché con 500€ si fa +1% e si guadagnano 5€ e con 510€ si guadagnano 5,10€ a fronte della stessa variazione.

Seppure in questo caso siano solo 0,10€, se io continuo a mettere soldi a mercato e ho una strategia che se funziona, mi genera anche dei profitti (per quello ovviamente devo studiare), allora il mio portafoglio crescerà nel tempo e maggiore sarà il tempo, più grandi saranno i risultati e più grande sarà l'effetto Compounding.

Come risultato di questo effetto da 500€ di portafoglio in 30 anni si raggiungeranno i 700.000€.

È stato scelto 30 anni in questo caso perché è un orizzonte temporale sufficientemente elevato per inglobare all'interno del data set sia i rally, quindi rialzi di mercato, sia i crash perché ovviamente una strategia buona si vede se sa affrontare i momenti peggiori.

Questa strategia ovviamente può essere applicata anche ad orizzonti temporali minori ma che non devono assolutamente scendere sotto i 10 anni.

Nel nostro esempio, dopo 30 anni si è passati da 500€ a 724.827€ e adesso quella stessa variazione dell'1% genera 7.000€.

Questi 7.000€ ovviamente sono di volatilità, non guadagnerete 7.000€ al giorno.

Se il giorno dopo vi è ancora un +1% si guadagneranno 7.107 e un'ulteriore +1% sarà 7.248: inizialmente erano 0.20€ in più ora sono all'incirca €200 euro.

La cosa più importante che si nota in questo esempio è che la pazienza paga perché se prima si guadagnavano 5€ adesso, 30 anni dopo (ovviamente più alto è l'orizzonte temporale meglio sarà), se ne guadagnano 7.000€, cioè 1.400 volte di più.

Questo accade con una strategia considerata "conservativa", scritto tra virgolette perché comunque si sta parlando di rischio puro (che è il mercato azionario).

Ma cosa sarebbe successo se io fossi stato più aggressivo a parità di risparmi?

Se riesco ad ottenere maggiori performance, a parità di soldi che ci metto dentro, ma con una strategia più aggressiva che ovviamente funziona, allora l'effetto Compounding è ancora più forte.

La volatilità giornaliera in questo caso non sarà più di 7.000 ma sarà di 20.600, risultati nettamente differenti.

Ecco cosa può succedere se solo si iniziasse a spendere più saggiamente i propri risparmi.

AZIONI TESLA

Settore auto.

Auto elettrica vs autocombustione interna, che cosa sta accadendo?

Cerchiamo di capirci qualcosa e di vedere vantaggi e svantaggi degli auto makers tradizionali contro Tesla, ovvero la principale azienda che sta cercando di rivoluzionare il settore.

Ormai è sotto gli occhi di tutti quello che sta accadendo nel settore automobilistico, c'è uno shift quindi un passaggio tra l'autocombustione interna e l'auto elettrica.

C'è ancora qualcuno che non crede a quello che sta accadendo, c'è ancora qualcuno che pensa che Tesla possa fallire (cosa che potrebbe accadere dato che tutto può succedere in questo mondo), ma cerchiamo di fare un attimo di chiarezza.

Ovviamente, tutto quello che dirò sarà, come al solito, basato sulla mia esperienza personale.

Tenete conto che io non sono sempre stato un amante del settore automobilistico in generale: è un settore molto rigido, capital intensity, e i margini sono abbastanza striminziti rispetto ad altri settori.

Non è un'industria che mi attrae in maniera particolare ed è questo il motivo per il quale ho iniziato ad investire tardi in Tesla, nonostante sia sempre stato però un grande ammiratore del suo CEO e founder Elon Musk.

Lo reputo un visionario e una grande mente, tuttavia, non credevo in Tesla e questo per il semplice fatto che non la conoscevo.

Tesla è sempre stata criticata dagli analisti e dagli esperti di settore perché brucia cassa e aveva un posizionamento di incredibile svantaggio nei confronti degli auto makers tradizionali (come per esempio le società Premium Price tedesche come BMW, Mercedes, Audi, Volkswagen eccetera).

Questi esperti citavano sempre problemi nella produzione, inefficienze e una struttura finanziaria che effettivamente un investitore non ama, perché vuol dire cassa bruciata, indebitamento, continue raccolte di capitale eccetera.

Anche io in qualche modo ero uno di quelli che non credeva in modo particolare in questa società fino a quando non ho deciso di lasciare perdere gli esperti.

Decisi di andare a vedere l'azienda.

Quale è la mission di Musk con Tesla?

La mission è quella di ribaltare la situazione del settore delle auto, creare un auto affordable, ovvero alla portata della massa, ma sostenibile in maniera ambientale.

Per gli investitori dovrebbe essere sostenibile anche a livello economico ovviamente. Quindi andando a studiare la società, in realtà ti rendi conto del perché gli analisti di Tesla, tra i quali ci sono personaggi di spicco e delle voci particolarmente importanti del settore, si sbagliavano.

Infatti loro cercavano di inquadrate Tesla secondo il loro schema, ovvero il settore automobilistico.

Non si rendevano conto in realtà (ora si, stanno iniziando) che Tesla non c'entra quasi niente con il settore automobilistico.

Tesla è anche una casa automobilistica ma non è solo quello, è molto di più.

È una società tecnologica e rivoluzionaria.

È nel campo della produzione dell'energia solare, dello storage, assicurazione e intelligenza artificiale, ha un suo chip e un suo software per sviluppare l'autonomous vehicle, quindi la guida autonoma.

È tutto molto diverso e, concentrarsi soltanto sul lato finanziario, vuol dire vedere solamente una piccola parte di una picture molto più grande.

Quindi qual è la situazione attuale?

Che cosa ci troviamo in questo momento?

All'inizio avevamo delle case automobilistiche tradizionali che avevano dei forti vantaggi soprattutto finanziari nei confronti di Tesla.

Innanzitutto producevano milioni di veicoli, erano quindi enormi economie di scala e di conseguenza erano dotate di efficienza, migliori margini e cassa.

Quindi vendevano e producevano cassa, al contrario di Tesla che invece praticamente bruciava soldi ogni trimestre.

C'è quindi una situazione soprattutto finanziaria completamente differente.

Tesla continua a raccogliere capitale tramite convertible debt, equity eccetera, cosa che invece non era richiesta nelle case automobilistiche che avevano una determinata forza, un determinato posizionamento al mercato e un brand avviato.

Quello che però adesso sta accadendo è che gli auto makers, quelli tradizionali, hanno fallito nel riconoscere in tempo quello che era lo shift, il cambiamento che è in atto ormai da decenni per quanto riguarda innanzitutto l'utilizzo dell'auto e il cambio di concetto dell'ownership dell'auto.

Oggi alle nuove generazioni non importa nulla di possedere un oggetto e in più sono molto attente alla sostenibilità in generale, tra cui la sostenibilità ambientale.

Questo che cosa ha prodotto?

Da una parte i vantaggi che avevano prima si sono trasformati in svantaggi.

Infatti, se in un primo momento l'azienda faceva cassa perché si vendevano tante auto, all'incirca dal 2018 in poi abbiamo visto delle vendite di auto che continuavano a scendere trimestre dopo trimestre.

Nel frattempo, contemporaneamente, Tesla continuava ad aumentare la domanda di auto: prima con la Model S, Model X e poi il salto gigantesco si è avuto con la Model 3, appunto quel famoso progetto di lanciare sul mercato un'auto che fosse sia elettrica (quindi all'avanguardia tecnologicamente) ma che fosse anche affordable (quindi che potesse essere acquistata anche dalla massa).

Nel frattempo gli auto maker tradizionali, si sono resi conto che forse questa cosa dell'auto elettrica non è proprio un sogno.

Da lì, di punto in bianco, hanno iniziato a buttar fuori piani a medio e lungo termine nei quali cercavano di ristrutturare completamente la loro produzione, la loro tecnologia, i loro listini, l'offerta e continuavano a dire "entro tot, entro quest'anno, la nostra offerta di auto sarà completamente elettrica".

Ovviamente questo sta accadendo in netto ritardo e tutto ciò ha fatto si che ormai Tesla ha una grossa quota del mercato delle auto elettriche.

Allo stesso tempo, le vendite di auto stanno continuando a scendere e le auto elettriche continuano a salire, di cui ovviamente Tesla è il leader.

Man mano che il mercato si espande è normale che Tesla perda la sua quota di mercato ma questo non vuol dire che venderà meno veicoli ma anzi continuerà a salire in maniera esponenziale.

Tra poco inizieremo a vedere per la strada anche il Suv Tesla, il Model Y.

Quindi accadrà che gli auto makers tradizionali, per riuscire a immettere sul mercato auto elettriche dovranno fare enormi sforzi finanziari, quindi tantissimi investimenti, decine e decine di miliardi di dollari in investimenti, per attrarre competenze specifiche.

Attenzione: non sono più ingegneri meccanici ma degli esperti nel software perché sempre di più l'auto si sta spostando dalla meccanica, all'elettronica e infine al software che oggi la fa da padrone.

E' necessario riconvertire la produzione, cercare di sviluppare tecnologie sostenibili a livello economico, perchè la batteria è il principale costo dell'auto elettrica ed è il cuore vero e proprio per un vantaggio competitivo, oltre ovviamente al software.

In questo Tesla è il leader, è avanti anni luce, così come lo è anche nella guida autonoma che molto probabilmente diventerà sempre più importante nel tempo con lo sviluppo dell'intelligenza artificiale.

Tutto questo fa sì che il vantaggio che avevano prima nella produzione di milioni di veicoli, nella generazione di cassa (che veniva appunto dalla vendita di questi veicoli) si perde.

Si perde perché le auto che si vendono sono sempre meno e allo stesso tempo diventano sempre più alti i costi da effettuare per ristrutturare il proprio modello di business, la propria supply chain.

Dovete pensare che un motore a combustione interna ha migliaia di componenti e impiega una catena di fornitura veramente complicata.

Per la batteria non è così, è molto più semplice a livello di componentistica.

Quindi c'è una disruption completa, un ribaltamento completo per quanto riguarda la catena di fornitura con ovvie implicazioni anche a livello economico.

Pensate all'economia tedesca che è fortemente dipendente.

Una buona percentuale dell'economia tedesca è impiegata nella produzione per il settore automobilistico così com'è e, quindi da qui vedremo consolidamenti e vedremo dei fallimenti.

Ci sono delle partnership, cioè aziende concorrenti che si vedono costrette a collaborare ora perché altrimenti l'altra scelta sarebbe probabilmente il fallimento.

Il vantaggio è stato completamente distrutto e oggi ci troviamo in una situazione molto delicata dove poche aziende già operanti nel settore, hanno in realtà la capacità di poter continuare questo lavoro, quindi continuare ad operare nel settore delle auto.

Ecco che allora vediamo Tesla balzare e fare un rally spaventoso.

Io ho iniziato a comprare molto a fine 2018 ma poi ho comprato man mano nel 2019 quando gli short seller speculavano pesantemente sulla disfatta di Tesla e più il mercato era ribassista, più mi convincevo che quella era la scelta giusta.

Ovviamente investire in queste aziende poi porta anche a delle esagerazioni.

Ad esempio sono state registrati dalla seconda metà del 2019 ad oggi, prima metà del 2020, tantissimi acquisti da parte dei cosiddetti investitori, quelli che io chiamo investitori allo sbaraglio, ovvero giovanotti che comprano e vendono azioni tramite per esempio l'applicazione Robin Hood, un fintech, una società che permette di operare sui mercati con zero commissioni e magari, se non mi sbaglio, anche acquistare frazioni di azioni.

Ovviamente più il mercato si riempie di questi soggetti più la valutazione inizierà ad oscillare in grossi trading range, cioè in poche parole aumenta la volatilità.

Però il fatto che si sta già iniziando a creare una bolla speculativa, non vuol dire che sia tutto "fuffa", anche perché non sempre una bolla speculativa vuol dire fuffa.

Lo è nella maggioranza dei casi, perché appunto le valutazioni sono gonfiate da principi e da fondamenti inesistenti, ma c'è sempre del valore.

Quel valore è una parte minima su una bolla ma nel lungo periodo va più che a compensare la bolla e anzi diventa X volte la bolla stessa.

Abbiamo visto nella storia tantissime aziende come Amazon, Tesla, Netflix eccetera crescere in maniera esponenziale pensando sempre ad una bolla speculativa perché difficilmente la massa riesce ad analizzare e capire quelle quattro variabili che messe insieme nel contesto in realtà giustificano le valutazioni.

RECOVERY FUND EUROPEO E GAP INTERNAZIONALE

Recovery Fund e Recovery Bond, che cosa sono?

Spieghiamolo e cerchiamo anche di fare un quadro generale della situazione con e senza pandemia, dando un quadro internazionale di quello che sta accadendo.

È bene ricordare che la Commissione Europea è l'organo che detiene il potere esecutivo: (sarebbe il Governo Europeo che appunto governa tutti i 27 stati membri).

Il recovery fund se vogliamo è la risposta governativa proposta a livello europeo che dovrà essere sottoposta ovviamente al Parlamento Europeo (che detiene invece il potere legislativo).

Chiaramente ci saranno modifiche e compromessi, come probabilmente delle clausole di riforme e l'obbligo di seguire determinati comportamenti eccetera.

Cerchiamo ora di spiegare le basi, così da poter capire di che cosa si sta parlando.

Per quanto riguarda il recovery fund, sappiamo bene che da mesi sono in atto tantissime negoziazioni.

Le lotte tra paesi forti e paesi deboli all'interno dell'Unione Europea sono chiare a tutti e pare che questa modalità di finanziamento sia la più largamente accettata da tutti i 27 paesi membri.

Questo non vuol dire che essa non verrà modificata in Parlamento, però sembra un buon compromesso partito innanzitutto dai famosi Eurobond, denominati poi Coronabond a seguito della crisi del 2020 del Covid-19.

Qual è la differenza tra il Recovery Fund e il Coronabond?

La mutualizzazione del debito: col Coronabond si emetteva debito in tutti i paesi i cui membri erano solidalmente responsabili e non soltanto del debito da quel momento in avanti ma anche del debito pregresso.

Capite che questa cosa non piace.

Non siamo gli Stati Uniti d'Europa, siamo un gruppo di paesi che condividono (alcuni in realtà, non tutti) una moneta unica, ma non c'è una coesione a tutto tondo.

Qual è la differenza del Recovery Fund?

Il Recovery Fund semplicemente dice "bene, c'è la mutualizzazione del debito a fondo perduto", ma Germania, Olanda e i paesi forti non saranno solidalmente responsabili anche del debito pregresso degli altri paesi, lo saranno soltanto di quei finanziamenti del Recovery fund e del Recovery Bond.

A quanto ammonterebbe questo arsenale?

Innanzitutto è un compromesso perché le discussioni sono già state fatte da qualche giorno.

Le negoziazioni sono state fatte dall'asse franco-tedesco quindi tra la cancelliera Angela Merkel e il presidente francese Macron.

Si è parlato appunto di questo fondo perduto il cui ammontare è di 500 miliardi ai quali ne vanno aggiunti altri 250 che però non sono a fondo perduto ma saranno prestiti a tassi agevolati.

E qua iniziamo a spiegare cosa vuol dire fondo perduto.

Vi sono quindi 500 miliardi a fondo perduto e 250 miliardi di prestiti: tutta la somma, 750 miliardi, verrà presa completamente dai mercati.

Perché è a fondo perduto?

Perché di fatto teoricamente i paesi non devono fare altro che continuare a contribuire (come già si fa in base al PIL) al bilancio europeo.

Di fatto i soldi si prendono da lì.

I primi 3 paesi all'interno dell'Unione Europea per output sarebbero la Germania, la Francia e la Gran Bretagna (attualmente fuori in seguito alla Brexit).

Capite come, in questo modo, i paesi che sono stati maggiormente colpiti in realtà ricevono di più di quello che pagano per i contributi e questo è un buon compromesso.

Questo quindi è il Recovery Fund: una mutualizzazione più piccola ed un compromesso.

Un compromesso che secondo me ci sarà.

Perché?

Innanzitutto perché la Germania è il paese più forte che esiste a livello europeo ed è sicuramente il motore dell'Unione Europea, quindi deve lasciare sul tavolo qualcosa.

C'è da dire che ha beneficiato molto sia dell'Euro che della circolazione delle merci e per questo motivo deve lasciare qualcosa sul tavolo perché altrimenti l'Unione Europea si sfalda.

Tuttavia questo non sta funzionando granché, proprio perché non siamo gli Stati Uniti d'Europa ma siamo diversi.

La faccenda quindi è questa: devono lasciare qualcosa sul tavolo.

Dall'altra parte ovviamente abbiamo paesi che magari hanno beneficiato meno della Germania ma che si devono "accollare" sulle loro spalle, ovvero sulle spalle dei loro contribuenti e delle generazioni future, i problemi di paesi che hanno bilanci statali particolarmente brutti (quindi una mala amministrazione delle finanze pubbliche) e che allo stesso tempo non sono neanche preparati per il futuro.

A causa di questo aspetto, sicuramente ci saranno delle critiche e nascerà un contro.

Ma perché c'è tutta questa differenza?

C'è tutta questa differenza per il semplice motivo che noi rappresentiamo il vecchio continente.

Siamo vecchi, abbiamo la nostra storia, la nostra identità e questa è sicuramente una cosa bella ma allo stesso tempo è una cosa brutta per l'Unione Europea.

Questo perché una delle soluzioni dell'Unione Europea è il modello degli Stati Uniti ma questo vorrebbe dire cedere comunque il nostro potere ad un'entità, l'Unione Europea.

Dovremmo rinunciare quindi a gran parte della nostra identità, come ai nostri valori e alle nostre tradizioni, ma è difficile farlo e per questo si generano scontri perché chiaramente se abbiamo culture diverse, valori diversi e identità differenti, si generano anche attività produttive differenti, economie diverse, conti statali diversi eccetera.

Questo è un primo livello di analisi.

È importante inoltre non confondere lo stimolo che dovrebbe venire con questo recovery fund con quello che ha fatto la BCE.

Se andiamo a vedere quello che è accaduto in Europa, gli stimoli che sono arrivati sono inferiori rispetto agli altri paesi.

Gli Stati Uniti per esempio in poco tempo avevano la Fed che ha sparato trilioni per sostenere la liquidità e comprare treasuries, quindi già operava per sostenere il mercato dei REPOs.

Addirittura si arriva a comprare anche la yield, dalla quale poi scaturiscono tutte le critiche sulle zombie companies, cioè quelle società non morte, che sono in piedi soltanto perché c'è lo stimolo monetario.

Effettivamente se si va a vedere a livello internazionale le economie sono "dopate".

Ovviamente non è tutto ombra, c'è anche un po' di luce, però è innegabile che ci siano alcune realtà distorte ed altre invece potenziate perché c'è effettivamente del potenziale.

Lì ovviamente sono partiti subito gli stimoli più forti a livello monetario.

Anche in Europa sono partiti velocemente però meno forti perché le cartucce e le armi a disposizione della BCE sono inferiori rispetto a quelle della FED perché gran parte delle cartucce sono state utilizzate nel 2007-2008.

In realtà però, anche la FED ha meno potenza rispetto al 2007-2008.

Anche i governi in quel caso hanno agito in maniera molto veloce: hanno fatto trilioni di pacchetti, finanziamenti a fondo perduto, finanziamenti a tassi agevolati, finanziamenti a piccole e medie imprese, Helicopter Money (soldi direttamente nelle tasche dei cittadini) e sostentamento.

Tra l'altro per le piccole e medie imprese ci sono stati due round di finanziamenti.

È partito tutto molto velocemente mentre invece l'Europa zoppica.

Andando ad osservare i singoli paesi (per esempio), vediamo che la Germania è esplosa subito.

Anche la Francia in realtà ha fatto molto, per esempio numerosi stimoli sono andati nel settore auto.

L'Italia invece molto meno perché dipende dalla forza economico-finanziaria.

Il paese che probabilmente ha più potenza di fuoco sia in termini governativi (quindi dello stimolo governativo e fiscale) che dello stimolo monetario è la Cina.

La Cina ovviamente non è perfetta, però bene o male ha molto più firepower rispetto ai paesi occidentali, e infatti per via della pandemia gli stimoli pompati all'interno dell'economia e della finanza cinese sono stati molto inferiori rispetto alle controparti occidentali più importanti (per esempio BCE, Bank on Japan, eccetera).

Questo ovviamente per diversi motivi: un po' perché lì le cose funzionano in maniera diversa, e un po' perché c'è anche da dire che è ormai dal 2014/ 2015 che sono in campo di ristrutturazione perché la Cina ha effettivamente dei livelli di indebitamento molto alti e mentre prima dava la priorità a ridurre (deleveraging), adesso sta dando la priorità invece all'employment, quindi ai lavoratori, per cercare di far calare il più possibile il tasso di disoccupazione.

Questo è lo scenario in termini internazionali.

Poi c'è un'altra cosa molto importante da dire, perché al di là degli stimoli che vanno ad "addobbare", quello che bisogna andare a vedere sono i fondamentali delle aziende.

L'Europa, anno dopo anno perde sempre più terreno soprattutto perché partecipa poco al progresso tecnologico.

Grandissima parte delle aziende innovative (non solo a livello tecnologico ma anche a livello di Business Model) vengono infatti principalmente dagli Stati Uniti e dall'Asia, soprattutto dalla Cina.

L'Europa invece arranca sempre di più, sia a livello politico ma molto anche a livello Corporate.

Basta guardare il settore bancario europeo che è veramente in grossa difficoltà, specie per i tassi negativi.

Se noi però andiamo a vedere il resto del mondo, questi sono settori bancari o in generale finanziari che comunque vanno meglio perché hanno innovato il loro business model.

Noi invece siamo molto rigidi, siamo appunto il vecchio continente, e purtroppo molto spesso rimaniamo troppo ancorati alle tradizioni.

Guardiamo troppo poco avanti e al futuro.

LA VITTORIA NON E' DETERMINATA DAL DIO DENARO

"Senza soldi non vai da nessuna parte".

Credere che senza soldi non si possa fare niente o che sia necessario averli quando si parla di investimenti, significa sicuramente non aver capito granché del mondo imprenditoriale e di come raggiungere il successo.

Per quanto questa frase sia vera in parte, il problema è che viene male interpretata dalla gente comune che quindi si preclude una crescita personale che poi in realtà porta ai risultati.

È l'accezione con la quale viene generalmente presa ad essere sbagliata perché, il primo investimento che bisogna fare è quello su noi stessi.

Noi dobbiamo puntare a costruire la nostra psicologia, a costruire una testa analoga a quella delle persone di successo, a quelle che fanno parte del top 1% della popolazione non del restante 99%.

Vedrete poi come una volta costruiti quei principi, quelle idee, quel modo di fare, quel modo di affrontare la vita e i problemi che ne fanno parte, allora sì che arriveranno i risultati.

Immaginate di essere di fronte ad una scelta.

Avete davanti due porte e ne potete aprire solo una: nella prima ci sono i soldi mentre nella seconda vi è la testa e la personalità di una persona vincente, di una persona che raggiunge il successo.

Voi cosa scegliereste?

Il 99% della popolazione sicuramente sceglierebbe la porta con i soldi convinti, grazie a questa scelta, di risolvere i loro problemi ma in realtà non è, e non sarà mai così.

Questo va a risolvere il problema solamente nel breve: con questo patrimonio potresti sopravvivere qualche anno, ma statisticamente chi riceve soldi e non ha una determinata educazione finanziaria li brucia.

Questo è un dato, è una statistica che ci dice una cosa sola, ovvero che non sono i soldi la cosa importante.

La cosa importante è la testa, quindi bisogna scegliere l'altra porta perché quella ti permette di costruire l'intelligenza, la psicologia con dei determinati tratti di personalità che poi generano denaro e generano successo.

Avere successo infatti, non significa necessariamente avere soldi, ma piuttosto avere una bella famiglia, fare un bel lavoro e avere la stabilità economica (che non vuol dire essere ricchi), avere delle belle relazioni con gli amici, e soprattutto essere in buona salute.

È tutta una questione psicologica.

Il nemico non è il ricco di turno, l'imprenditore, l'investitore, o il calciatore, non va puntato il dito contro di loro ma verso noi stessi perché il nostro peggior nemico siamo noi stessi.

Noi sappiamo che dovremmo fare questo perché è questo ci porta risultati, che dovremmo impegnarci a studiare, ad imparare, a mettere in pratica, perché poi nel tempo otterremo risultati con la pazienza.

Invece cosa scegliamo?

In ogni situazione ci troviamo sempre di fronte ad un bivio: fare la cosa giusta ma più difficile (soprattutto in termini di risorse e di fatica), come informarci leggendo libri ed articoli o fare la cosa sbagliata come ad esempio sprecare soldi e tempo in cose futili come smartphone e social network?

Se queste sono le nostre abitudini non andremo da nessuna parte.

Il mondo digitale permette incredibili opportunità perché vi dà la possibilità di ottenere informazioni.

Poco tempo fa sui social un personaggio famoso ha chiesto ai giovani come vedessero il loro futuro e la risposta era generalmente negativa: non vedevano futuro.

Nessuno ha detto ad esempio "il 2020 mi può dare un sacco di opportunità".

Con l'era digitale si è bombardati di informazioni alle quali molto spesso si può accedere gratuitamente e proprio per questo, visto quanto ormai sia tutto facilmente accessibile, crediamo che non ci basti più nulla.

Ma non è così, siamo noi che prendiamo le cose in maniera sbagliata ed è veramente palese.

Oggi, per esempio, rispetto ad anni fa molte più persone sono laureate ma al giorno d'oggi neanche quello basta, perché o si lavora nei call center o non si lavora proprio.

In Italia c'è un'incongruenza completa tra ambito di studi e ambito lavorativo, ma nonostante questo, abbiamo tantissime opportunità anche se la maggior parte delle volte si preferisce continuare a lamentarsi.

Ci si continuerà sempre a lamentare nonostante tutto perché la testa non cambia, è uguale.

Perchè sono sempre le stesse persone che lavorano, creano business e continuano ad espandersi sempre più?

È imprenditorialità, sono sempre le stesse persone perché hanno capito come fare.

È questo il discorso.

Sono sempre le stesse persone ma non perché c'è una combutta.

Queste poche persone controllano la maggioranza della richiesta perché loro hanno la giusta psicologia e il giusto mindset.

È questo il concetto.

Hanno la testa e hanno creato un meccanismo definito "ciclo virtuoso".

Opposto a questo è il ciclo vizioso, ovvero quello che va a caratterizzare quei soggetti che nonostante tutto si lamentano ma attivamente non fanno nulla per cambiare o per migliorarsi.

La verità è che ottenere risultati nella vita, qualunque essi siano, costa veramente tanto non in termini di soldi ma di fatica.

Questa è la massa media: circa il 60-70% della popolazione ragiona in questo modo.

Se si va a considerare invece cosa fa il top 1%, questi non stanno lì a lamentarsi, non puntano il dito sugli altri, se c'è un problema si risolve, se c'è un'opportunità la si coglie al volo.

Si mettono in moto, studiano dalla mattina alla sera e mettono in pratica proprio perché una cosa è la teoria e un'altra è la pratica.

Bill Gates, Musk, Warren Buffett, Bezos eccetera, si sono messi in gioco e hanno rischiato il fallimento nel vero senso della parola.

L'obiettivo di Musk per esempio era quello di far andare le auto con le batterie, cosa ritenuta impossibile, ma in realtà non è stato così.

Si credeva impossibile anche lanciare un razzo e farlo riatterrare in piedi così da poterlo riutilizzare per abbassare drasticamente i costi di lancio.

L'impossibile è nella nostra testa.

Ecco perché siamo noi il nostro peggior nemico.

È bene innanzitutto guardare cosa abbiamo di positivo, non perché dobbiamo nascondere il lato negativo ma anzi, perché dobbiamo imparare a conviverci attivamente, risolvendo i problemi e non sprecando le infinite opportunità che stanno là fuori.

Dobbiamo solo darci una mossa, però questo costa fatica.

Dobbiamo essere noi a cambiare noi stessi e non farlo grazie a qualcun'altro.

Non esistono trucchetti nella vita, c'è il darsi da fare, il che vuol dire mettersi in gioco,rischiare e farsi anche male.

Non si deve copiare, ma possono esserci ovviamente dei modelli di riferimento, come ad esempio Buffet, Bill Gates o Elon Musk, appunto.

Ovviamente questi sono personaggi con dei cervelli e delle disponibilità finanziarie imparagonabili, ma sono dei modelli di ispirazione, e più in alto si guarda più in alto si potrà arrivare.

Bisogna quindi smettere di pensare sempre in negativo o che non si possa raggiungere niente.

Ci si potrebbe stupire di quanto in alto si può arrivare se solo lo si volesse davvero!

IL MERCATO È MANIPOLATO?

Tutti gli stimoli delle banche centrali, e ora anche dei governi, che sono iniettati all'interno delle economie e della finanza, stanno distorcendo e cambiando le regole del gioco all'interno dei mercati?

Da anni ormai diversi pareri sostengono che le borse sono distorte dall'operato delle banche centrali e questo sicuramente per certi versi può essere vero, ma ciò non vuol dire che le regole del gioco siano completamente differenti e che sia meglio stare alla larga o cercare di caricare sul rischio.

C'è sicuramente una distorsione sotto certi aspetti, basta per esempio prendere come riferimento i tassi di interesse.

Il tasso di interesse è la base che setta qualunque aspettativa di rendimento futura.

Qualunque modello che cerca di andare a valutare qualunque investimento, si basa sui tassi di interesse.

La base è settata dalla FED o dalla BCE, e con essa si scontano futuri flussi di cassa per poi cercare di creare delle proprie aspettative e delle valutazioni in termini di AST valuation, e quindi anche di pricing all'interno di investimenti finanziari.

Quindi non c'è solo distorsione, ma c'è un cambiamento vero e proprio delle condizioni finanziarie che rende più attrattivo (ad esempio), il mercato azionario rispetto a quello obbligazionario.

Dall'altra parte però, ci sono alcuni interventi (di cui adesso faremo qualche esempio), che creano e cambiano un po' le regole del gioco.

Dall'altra parte c'è da considerare che i mercati, specialmente quelli azionari, salgono all'impazzata oramai da più di un decennio.

Ogni correzione è sempre stata un'occasione di acquisto e questo ha creato della complacency.

Non viene dato il rispetto che merita al rischio, quindi ci sono spesso delle persone non propriamente preparate che azzardano più del dovuto, e questo nel suo complesso crea determinati problemi.

Dall'altra parte abbiamo pur sempre del valore.

E cosa vuol dire questo?

Vuol dire che per ogni tot di aziende, dette anche "zombie companies", c'è sempre un'altra azienda che ha del valore.

Cerchiamo ora di affrontare questo discorso e di fare un quadro generale della situazione.

Prima di tutto è bene partire dal leasing, dallo stimolo fiscale, inteso come governativo, e soprattutto dalle banche centrali.

Concentriamoci sulle seconde per adesso: è risaputo che dalla crisi finanziaria del 2008 (partita dopo in qualche economia, come per esempio in Europa) abbiamo avuto un forte stimolo: quindi abbassamento a zero dei tassi di interesse.

Questo chiaramente ha fatto sì che gli asset finanziari lievitassero di conseguenza.

Questo ha generato una forte crescita in generale in tutte le Borse.

Oggi però, la pandemia, da una parte ha potenziato questo aspetto nelle economie che ancora in realtà sono in fase di easing.

Vedi, ad esempio, Bank of Japan o la Banca Centrale Europea che addirittura ha i tassi negativi (ha visto potenziare i suoi programmi di quantitative easing e nonostante questo ha poi spinto i banchieri centrali a pompare ulteriore stimolo).

Prendiamo come esempio la FED che ha agito in maniera tempestiva: siamo partiti da quantitativi easing (quindi si compravano treasuries), poi dall'anno scorso generava liquidità nel mercato dei ripples (da quando il tasso di finanziamento overnight è schizzato alle stelle), poi si è presentata la pandemia che ha riportato i tassi praticamente allo zero ed è intervenuta anche nei mercati acquistando treasuries (quindi titoli di stato bene o male su tutte le scadenze) e ha ampliato perché ha iniziato a comprare anche corporate bonds tramite ETF.

Questi programmi vengono espansi sempre di più.

Recentemente è uscita la notizia che essa inizierà a comprare anche singole corporate bonds (quindi non tramite ETF ma costruirà un suo indice) oltre al programma di finanziamento diretto.

Opera quindi sia sul mercato primario che sul mercato secondario.

Poi c'è da considerare il piano del governo.

Negli Stati Uniti ad esempio c'è il check, l'assegno familiare, sempre sotto determinati criteri: tendenzialmente non lo riceve chi supera una determinata soglia di reddito, però, bene o male arrivano 1.200 $ per individuo (2.400 $ a coppia) più il bonus figli.

Questo crea un potenziamento ulteriore perché crea una maggiore opportunità di acquisto da parte dei consumatori che posso andare a spendere soldi nelle economie, anche se poi di fatto abbiamo visto che il tasso di risparmio è schizzato alle stelle e che questi soldi sono finiti nell'economia solamente in determinati settori come, ad esempio, l'home improvement e il retail (beni essenziali, farmaci, intrattenimento).

Però, di fatto c'è anche un'altra schiera di persone che hanno utilizzato questi soldi per investire in Borsa o per fare scommesse, sia in Borsa che altrove.

Parliamo di scommettere perché questi sono spesso i cosiddetti "investitori allo sbaraglio", quelli che comprano o vendono e non sanno bene che cosa stanno facendo.

Ci sono quindi tanti aspetti che vanno a colpire sia l'economia che la finanza.

Gli investitori retail, per esempio, si mettono lì con l'applicazione Robin Hood (molto famosa negli Stati Uniti), grazie alla quale comprano e vendono azioni a commissioni zero.

Per quanto riguarda gli ETF, abbiamo JETS, un ETF che investe in un pool di aziende nel settore del trasporto aereo, che prima della pandemia non veniva preso in considerazione mentre invece adesso ha visto volumi record.

Questo crea delle risorse.

Tra l'altro recentemente è stato riportato in alcuni articoli che gli hedge fund manager sono rimasti addirittura indietro rispetto a questi retailers che sono andati a sovraperformare.

Questo vuol dire poco o niente, però, dà l'idea dell'impatto che diversi aspetti stanno avendo sull'economia, aspetti che tra l'altro non vengono spesso presi in considerazione.

Molti, ad esempio, si stanno concentrando sullo stimolo: parlano di mercato dopato ecc... tutte cose vere ma soltanto in parte.

Quindi ci sono tutti questi stimoli che stanno arrivando e che hanno chiaramente un impatto sui mercati (li fanno correre), e molte persone parlano di bolla speculativa.

Tante persone, anche esperti del settore, paragonano questa esuberanza a quella degli anni 2000, altri invece questo paragone non lo vedono assolutamente congruente.

Molti infatti guardano il price earning ratio che è un buon indicatore se lo si sa leggere; in caso contrario, si vede soltanto la media storica e se quindi non si contestualizza quel dato, si hanno una serie di problemi.

Molti investitori infatti sono rimasti indietro e hanno continuato a chiamare un crash.

Ce ne sono stati di diversi in realtà: nel 2015, nel 2016, due nel 2018 e poi ovviamente nel 2020 dove l'S&P perdeva addirittura due sedute, ovvero il 10%, giornaliero.

Sempre questi individui poi affermavano che ci sarebbe stato un tracollo, ma questo non c'è stato (e ciò non vuol dire che non ci sarà).

Molti operatori in Borsa non contestualizzano quello che accade perché si concentrano molto su una faccia della medaglia senza guardare l'altra.

Precedentemente sono state accennate le zombie companies, ovvero quelle società che in caso di condizioni finanziarie "normali" dovrebbero fallire, ma non falliscono perché riescono a finanziarsi a basso costo.

(Normali tra virgolette perché ormai la nuova normalità sono i tassi bassi.

Se non c'è una spinta forte nell'inflazione, non ha molto senso andare ad alzare i tassi, i quali chiaramente rimangono bassi, perché altrimenti si andrebbero a creare solamente più problemi.

Ci sono dei modelli che sono stati messi in discussione proprio negli ultimi giorni, come per esempio il tasso di disoccupazione degli Stati Uniti che è al di sotto di quello che viene definito il livello naturale.

C'è tanta incertezza.

È importante guardare anche l'altra faccia della medaglia.

Se ci sono delle zombie companies, aziende che riescono a tirare avanti con le condizioni finanziarie sfavorevoli, provate voi a pensare cosa può fare un azienda che è solida a livello finanziario, che ha un'ottima crescita delle metriche economiche, un ottimo business e che genera cassa.

Provate voi a pensare le valutazioni dove possono arrivare.

Questa faccia della medaglia non viene vista perché ci si concentra sempre sui multipli.

Attualmente ci sono aziende con dei multipli pazzeschi e analisti che non riescono a spiegarsi un fenomeno del genere paragonandolo addirittura alla bolla speculativa degli anni 2000.

Era diverso all'epoca, oggi aziende con tassi più bassi, un domani possono avere un valore (nel senso che possono generare tanti soldi) e, dato che chiaramente il valore si paga, ci sono degli investitori che sono disposti a pagare più che ad un premium price per diventarne azionisti e cercare di "garantirsi" un rendimento futuro nei prossimi decenni da quell'azienda.

Sicuramente ci sono dei soggetti che comprano, sanno cosa fanno e che quindi pompano le valutazioni di tanto in tanto, però ci sono sempre dei modi per navigare questa incertezza.

C'è sempre il modo per riuscire a gestire questo mondo fatto ovviamente anche di bolle speculative.

Se si investe, però, bisogna essere pronti al tail risk, al rischio di coda, ovvero agli eventi più catastrofici immaginabili.

Se pensiamo alla Cina, ad esempio, vediamo che c'è stato, e c'è ancora, un leverage spaventoso specialmente nello Shadow Banking, cioè quello che non figura neanche nei bilanci, quello che è nascosto, e ci sono tutta una serie di interventi da parte delle banche centrali e da parte dello Stato per cercare di controllare quello che sta accadendo.

Quindi nonostante tutti gli stimoli che ci sono, è vero che tante aziende si trovano in bilico.

Molti ricadono anche nel value investing.

Perché il value investing sottoperforma?

Perché non si guarda al futuro ma al passato.

Non si analizzano le aziende sulla base del dividend yield, le cose da guardare sono altre.

Quando il mercato sta crashando, ci sono dei modi per prepararsi a gestire il rischio, per costruire il portafogli in un certo modo, per gestire le proprie liquidità e il proprio patrimonio, ma fuori ci sono moltissime opportunità da non perdere.

Bisogna investire quando l'economia va bene e non quando va male; c'è un modello da seguire, c'è tutto un ragionamento da fare che va al di là dell'easing monetario.

Ci sono tante cose da prendere in considerazione.

Quando, si usa la price action, questa non vi dice cosa c'è sotto, ma vi fa vedere solo il risultato, la punta dell'iceberg, bisogna invece capire che cosa c'è dietro.

Il mercato può tornare a scendere, e se lo fa io comunque ho adocchiato delle aziende che hanno estremo valore e che tra l'altro ora con la pandemia sono addirittura più forti.

Ci sono dei trend innovativi che si stanno rafforzando, in realtà proprio per via della pandemia perché una parte del cambiamento del comportamento delle persone è temporaneo, ma un'altra parte sarà permanente.

Ci sono delle persone, infatti, che hanno scoperto determinate tecnologie, prodotti, un nuovo modo di usufruire di determinati servizi e di lavorare, un nuovo modo di fruire dell'intrattenimento, insomma hanno capito tante cose che prima non erano chiare e questo sta rafforzando la quota e la posizione di mercato di determinate aziende.

Queste determinate aziende faranno sicuramente dei rally spaventosi.

Per concludere, è importante utilizzare la testa.

Non dovete prendere troppo in considerazione quello che dice la massa, e con massa ovviamente si intendono anche giornalisti ed esperti: se ci sono 50 esperti e 49 dicono tutti la stessa cosa, è vero che dovete tenere a mente i loro consigli, ma non dovete basare le vostre decisioni su ciò che dicono loro.

Se tutti dicono una cosa quella roba lì è già scontata a mercato.

LA LEVA FINANZIARIA: COME SCHIANTARSI E PERDERE SOLDI

"Non ho soldi allora utilizzo la leva finanziaria".

E' una scelta intelligente?

Nella stragrande maggioranza dei casi la risposta che comunemente viene data è sì.

Le poche persone che invece hanno capito l'economia, la finanza e i mercati finanziari invece risponderanno no.

Più è maturo l'investitore, quindi più esperienza ha, più risultati ha avuto, meno leva finanziaria ha utilizzato.

Questo è un paradosso che molti traders amatoriali non capiscono.

Infatti, quello di investire pochi soldi e utilizzare quindi la leva per generare una rendita passiva e accessoria (addirittura ti promettono la libertà finanziaria) in realtà, è una grossa illusione perché se non hai almeno un certo ammontare di capitale non potrai mai investire in Borsa, e non potrai mai raggiungere la tua libertà finanziaria.

Questo non vuol dire, però, che devi avere grossissime cifre, quello che è importante, in realtà, è l'accumulo e il risparmio.

Quindi, il grosso errore commesso molto spesso dalle persone poco esperte, è quello di farsi abbindolare dai broker che per esempio promettono un bonus di tot euro se si invita un amico oppure che vi propongono di investire anche 100-200 € "tanto c'è la leva finanziaria e il resto ce lo mette il broker".

In realtà non è così, perché le probabilità di bruciare il conto sono estremamente alte, anzi è praticamente una certezza perché succede al 90% dei trader che utilizzano leve ottenendo perdite nette anche se operano da tanti anni.

Qual è il problema principale della leva finanziaria?

È che si aprono delle posizioni, quindi ci si espone a mercato, per un ammontare che non ci si può permettere.

Per esempio ci sono leve di 10 o 20 volte se non addirittura di 500 o 1000 volte, e questo vuol dire, ad esempio nel caso della leva 10, che se metto 1.000 posso aprire posizioni per 10.000 oppure addirittura io ho 1.000 € e con la leva a 500 apro una posizione da 500.000.

Questo vuol dire che se io faccio l'1% e mi va bene posso guadagnare ad esempio 5.000 €, mentre se mi va male vado a meno 4.000 € ovvero perdo 5.000 €, meno 4.000.

C'è quindi il rischio di tornare in negativo proprio perché vi state esponendo con un ammontare che non vi potete permettere.

Questo è un grosso problema perché le uniche cose che fa la leva finanziaria sono due: la prima è darvi il boost ai profitti (però dall'altra parte anche le perdite, come abbiamo visto poc'anzi) e la seconda è aumentare in maniera esponenziale il rischio.

Prima di addentrarci ulteriormente nei rischi della leva finanziaria, è bene fare un po' di educazione economica e spiegare come funziona l'economia e l'intersezione tra economia e finanza per quanto riguarda il debito o i cicli di debito.

Spesso potrete sentirvi dire che un po' di debito fa bene all'economia e questo è vero finchè il debito viene utilizzato per attività produttive.

Quindi fa bene nel senso che permette una crescita maggiore delle economie nel breve periodo.

Può dare un boost anche nel lungo periodo, tuttavia nel lungo periodo in realtà quello che conta realmente è la quantità prodotta.

Quello che fa il debito è semplicemente dare un boost all'economia nel breve a scapito, però, di recessioni.

È il debito quindi, che crea delle recessioni, perché se io mi indebito, dò una spinta maggiore all'economia (dato che posso investire di più o consumare di più), però, arriva un momento in cui io dovrò investire di meno e consumare di meno perché devo restituire il capitale.

Questo fa sì che all'inizio c'è la fase ascendente, dove io stavo investendo o consumando di più, e poi quella discendente, quando dovrò restituire il capitale.

Il debito, quindi, se utilizzato in maniera intelligente, può dare un boost alle economie e farle espandere nel tempo.

Qual è il problema?

Il problema sta nella natura umana perché noi non riusciamo a contenerci e quindi soprattutto all'inizio, quando vediamo che le cose funzionano, azzardiamo sempre di più.

Dunque, questo fa sì che, per ogni espansione e recessione del ciclo economico accumuliamo sempre più debito fino a quando non riusciamo più a sostenerlo.

Questo fa sì che il reddito da noi guadagnato non è sufficiente a servire il debito, come si dice in gergo tecnico, cioè a ripagare capitale più interessi, e quindi andiamo in default.

Da qui si creano le depressioni economiche altrimenti conosciute come crisi, come quella del 1929 e quella del 2007-2008 .

Il debito è quindi un'arma a doppio taglio.

I regolatori, ovvero principalmente le banche centrali, lasciano questo modello perché effettivamente fa crescere l'economia nel tempo.

Il problema però, è quando si esagera col debito perché se ne accumula troppo.

Non troverete mai da nessuna parte dei bravi investitori o dei bravi imprenditori dire per esempio "io ho l'1% di capitale e il restante 99% me l'ha dato la banca"; qualunque essere vivente consenziente non metterebbe un centesimo in un'azienda del genere.

E qua veniamo al dunque: se voi pensate che mettere 1.000 € per aprire una posizione di 10.000 € sia una cosa intelligente (ovvero mettete 1/10 del capitale mentre il 90% viene messo dal broker) non avete la minima idea di cosa vuol dire finanza né tanto meno che cosa vuol dire un business.

Nemmeno una banca si sognerà mai di prestarvi del denaro dicendo "io ci metto il 10% e voi ci mettete il 90%".

Ci sono ovviamente delle eccezioni come, ad esempio, il Project Finance dove ci sono degli investimenti giganteschi e infrastrutturali ma non è certamente il caso del training casalingo.

Con le dovute eccezioni, questa è una cosa folle: solo un pazzo andrebbe a mettere dei soldi in una cosa del genere.

È qui il giochino dei broker.

Non si è mai sentito un broker fare educazione in termini di investing, cioè di investimento di medio e lungo periodo, ma sono tutti puntati nel trading, nell'analisi tecnica e in robe simili.

Queste sono tutte cose che massimizzano all'ennesima potenza il profitto del broker perché per prima cosa generate una miriade di commissioni, e poi ci guadagnano loro perché voi per quelle posizioni ci pagate l'interesse e quindi loro guadagno anche sul finanziamento, ma soprattutto sulle commissioni.

Nella realtà dei fatti però, chi ha ottenuto enormi risultati in Borsa (o le persone più ricche al mondo ad esempio), sono imprenditori ed investitori.

Bezos, per esempio, è un imprenditore a cui sicuramente la Borsa ha dato un boost, ma di fondo c'è sempre un business ed è quello che genera ricchezza.

Il business genera cash flow, c'è del valore che si accumula nel tempo e più cresci più il mercato ti ripaga.

C'è un valore, quindi, non c'è trading.

Non sono i traders che sono diventati miliardari.

Alcune persone sicuramente hanno fatto molti soldi con il trading, ma poi li hanno persi e questo perché il trading è molto più vicino al gambling rispetto agli investimenti.

L'investimento va a guardare i fondamentali.

Capite che il concetto è completamente differente.

È controproducente per un intermediario finanziario o per un broker dirvi che i grandi hanno fatto i soldi nel lungo periodo altrimenti fareste qualche operazione all'anno e loro non guadagnerebbero nulla.

Vedrete che il gioco è presto fatto, in realtà è una trappola mentale.

I più grandi investitori finanziari utilizzano sempre pochissima leva, se non addirittura zero.

Per esempio Ray Dalio non la utilizza affatto.

Anche Warren Buffett non utilizza la leva, con delle eccezioni, però, avendo una grossa esposizione nel business delle assicurazioni.

Ovviamente ci sono tutta una serie di debiti nei confronti di chi sottoscrive i contratti di assicurazione, perché se si presentano determinati rischi, bisognerà ripagarli, ma al di là di questo non utilizza la leva.

Ci sono degli shareholders, che nelle conference calls che si fanno periodicamente, quando vengono pubblicati i dati hanno chiesto a Warren Buffet il perché non abbia utilizzato un più alto leverage.

Il motivo è che utilizzando un più alto leverage teoricamente, a parità di utile, se ci ho messo meno soldi il rapporto si ingrandisce e quindi ho un maggior ritorno sul capitale proprio, ROE (return on equity).

Un altro modo per dirlo è: a parità di ROI meno capitale proprio ci metto più alto è il mio ritorno su capitale.

La risposta è sempre la stessa, ovvero "non ce ne frega niente" e questo perché, è vero che da una parte avremmo potuto dare un boost ai nostri ritorni, ma dall'altra parte provocheremo uno squilibrio finanziario.

Molto spesso il gioco non vale la candela, perché più leverage voi utilizzate, più rischio state pompando ed è bene ricordare che la borsa è rischio puro, è incertezza.

Se una persona si dovesse chiedere "cosa mi aspetto domani dai mercati?" la risposta è un grosso punto di domanda.

Se quindi paragonate un'impresa (che deve costruire canoe a mano artigianalmente) e un'attività di investimento nei mercati, capite che i rischi delle due aziende sono diversi.

Il rischio di fare business artigianale, di vendere canoe ad uno stretto segmento di mercato, a diverse decine di migliaia di euro, è diverso da dire "domani o tra un mese non so cosa farà la Borsa, ma se faccio le cose fatte bene, nel lungo periodo mi toglierò delle soddisfazioni".

Capite che nel breve ci sono delle oscillazioni di un certo livello.

Sono dei rischi completamente diversi, quindi un leverage che va bene, ad esempio, per l'attività di produzione delle canoe può non andare bene nei mercati dove l'incertezza è ancora più alta.

Mi vengono in mente altri settori come, ad esempio, quello bio-tecnologico dove anche lì l'incertezza è altissima.

Capite che più è alta l'incertezza, meno leva dovete utilizzare, perché se utilizzate la leva per dare un boost dei vostri profitti, state sbagliando perché, ancora una volta, non state guardando la prima faccia della medaglia che deve guardare un investitore.

L'investitore deve guardare il rischio, quanti soldi posso mettere a rischio.

Da da qui le illusioni: ci sono soggetti che sono convinti che loro utilizzano la leva per un discorso di risk management.

C'era una persona che non molto tempo fa diceva di utilizzare la leva per rischiare così il 2% di capitale, ma questo non vuol dire nulla.

Se usi o non usi la leva sempre il 2% di capitale rischi.

Il problema qual è?

Il problema è che se non avesse la leva, i suoi ritorni unlevered (ovvero senza la leva) non sarebbero sufficienti per guadagnare una cifra decente perché se io utilizzo meno capitale devo lavorare su orizzonti temporali più lunghi (cosa che tra l'altro fanno i grandi investitori e che ha portato risultati).

Invece loro prendendo in considerazione un conto di 10.000 € in cui devo rischiare il 2% (€200), senza leva è necessario lavorare su un range elevato, mentre invece se si utilizza la leva, sempre a fronte di un rischio monetario di €200, si può lavorare su un range ridotto e dare un boost al profitto.

Quindi tutto ciò si fa per dare un boost ai profitti, perché generare un rendimento su un range elevato è più difficile rispetto ad un range ridotto.

È nel primo caso che si vede la capacità dell'investitore, non nel secondo.

Il secondo caso è fortuna (come sta succedendo ora con chi sta comprando aziende che valgono €0,02 e una volta che vanno a €0,06 dicono di avere fatto tre volte il capitale).

Se questa crescita continuerà, tra 10 o 15 anni allora sarà un discorso diverso, ma fare un guadagno minimo ora e dire di aver fatto il 100% quando io realtà si è fatto l'1% e poi il resto del 99% l'ha fatto la leva a 100 non vuol dire niente.

Tu hai fatto l'1% e se io faccio il 100% con leva a 100 ho fatto l'1%.

Sul mio 1% di movimento per 100 faccio il 100%.

Per esempio, con 1.000 € ho aperto 100.000 € di posizione, quei 100.000 € di posizione fanno + 1 (+ 1.000), io però ho messo soltanto 1.000 €, ho raddoppiato il capitale, ho fatto 1.000 € e si fa il 300% netto.

Potresti ritenerti bravo, ma in realtà non lo sei, perché tu hai fatto l'1% e il resto, ovvero il 99%, l'ha fatto il debito.

Il problema è quando fai -1, e vai a zero, oppure quando si ha il terrore di tenere le posizioni aperte giorno dopo giorno perché si sono bruciati chissà quanti conti.

In realtà, questo può succedere anche a mercati aperti: ciò avviene quando a livello positivo o negativo ci sono dei forti movimenti, degli spike a mercato che praticamente drenano la liquidità o fanno dei movimenti talmente ampi che il vostro stop-loss non viene rispettato.

I grandi investitori (per esempio), non sono scappati da quando c'è la pandemia, ma semplicemente escono da una posizione quando non ci sono più i fondamentali.

Pensate ai soldi che ha perso Warren Buffett durante la pandemia oppure ai soldi persi nel 2008 dove addirittura è andato ad incrementare le posizioni ed ha aumentato la sua esposizione quando i giornali e la gente comune pensava che il mondo fosse finito.

Come vedete siamo sempre lì, i grandi fanno sempre l'opposto di quello che fa la massa, perché ragionano in maniera completamente differente.

Quindi l'alibi del dire "ma io non ho soldi, uso la leva" non è così forte, perché stai aumentando in maniera esponenziale il tuo rischio in un business dove il domani è un grande punto di domanda.

Non è una mossa intelligente.

Quello a cui voi dovete prepararvi è il rischio peggiore che possa capitarvi.

In questo mondo succede di tutto, anche cose inimmaginabili.

Basti pensare alla pandemia: chi si sarebbe mai immaginato che determinate società potessero saltare in aria e non operare più?

Nessuno, eppure è accaduto e un domani succederà qualcos'altro.

Dovete essere pronti anche all'evento raro, perché anche se succede mezza volta, bisogna essere preparati.

L'obiettivo è che questo non succeda.

Sono sistemi che funzionano per anni, poi capita un problema ed è tutto finito, è bruciato il conto.

Non esiste dire "se solo questo non fosse successo", la storia non si fa né con i se né con i ma, le cose si fanno e basta.

Se tu non hai ancora capito che operi in borsa e che quindi devi essere preparato al peggio del peggio, ai cosiddetti tail risk, ovvero gli eventi poco probabili che basta che avvengano per far succedere un putiferio, allora non hai capito niente.

Non hai capito che lavoro stai facendo.

Che senso ha essere profittevoli nel medio periodo se poi basta un evento e ti sei mangiato tutto?

Non ha senso.

Anche perché voi vi costruite nella testa tutto un sistema a cui di fatto manca la base, che è la prima cosa a cui dovete pensare.

Per esempio, negli ultimi 10 anni era impensabile che l'S&P 500 facesse una variazione di oltre il 5%, eppure l'ha fatto e anche più di una volta: ha perso il 10% durante la pandemia del 2020, nello specifico più del 30% in poche settimane.

Anche questo doveva essere un evento poco probabile, addirittura impossibile per alcuni.

Se siete pronti al peggio, si potrà tornare ai massimi storici molto più velocemente, se invece avete stop-loss, e non siete preparati al peggio del peggio non potete fare questo mestiere come lavoro principale, ma solo come hobby.

Il gioco sta proprio nel resistere all'evento catastrofico.

Se vi dimenticate di questo non state investendo in borsa, state giocando in borsa, una cosa completamente diversa, ed il peggio è che non ve ne rendete conto.

Abbiamo precedentemente parlato di rapporti di indebitamento.

Abbiamo, per esempio, un rapporto di indebitamento 1 a 1, nel senso che a fronte di un di 1 € di capitale metto 1 € di debito.

Già stiamo parlando di rapporti di indebitamento importanti ma sostenibili.

Dipende poi anche dal business.

Ci sono aziende per esempio nel campo dei software che hanno un rapporto di indebitamento più alto, ma si tratta anche di un business diverso con cash flow importanti e margini di un certo tipo.

Il rapporto di indebitamento quindi cambia da settore a settore e proprio per questo motivo si può già dire che 1 a 1 è un rapporto di indebitamento a cui stare attenti.

Per esempio, nel settore bancario è diverso perché in quel caso raccolgo i depositi e i risparmi e le banche lavorano con leverage, ovviamente con le dovute eccezioni perché poi, c'è da capire il tipo business.

Per questo serve l'analisi fondamentale e serve capire i princìpi.

Sono però anche business più stabili.

Le. persone si lamentano perché hanno la leva a 30 o a 2o ma queste sono leve altissime.

Nessun imprenditore riceverà mai un centesimo da una persona consenziente con questi rapporti di indebitamento, nessuno lo farebbe perché è pura follia.

Solo uno sconsiderato metterebbe dei soldi in un'azienda del genere e se voi non capite che l'attività di investimento è un'attività imprenditoriale, è un altro problema in cui state cadendo.

Provate ad immaginare: voi avete un bilancio in cui voi mettete un tot di € (1.000, 2.000, 5.000) e il resto ce li mette il broker.

Che business è questo?

Nessuno ci metterebbe un centesimo.

Non funziona così, queste cose non esistono.

Potrebbe andarvi di fortuna, ma è la cosa peggiore che possa accadervi perché poi vi convincerete di essere bravi.

Da lì ci sarà la disfatta totale, provare per credere.

Pensate che il nostro paese viene martellato perché abbiamo il 130-135% di rapporto debito PIL e questi usano leva 30-40-50.

Le persone fanno affermazioni del tipo "non sto utilizzando tanta leva, è solo leva 10".

Questo denota proprio un'ignoranza completa del mondo del business perché, come è bene ripetere, l'attività di investimento è un'attività imprenditoriale perché non c'è uno stipendio.

Non esiste la mensilità per l'imprenditore e l'investitore.

I ritorni li avete negli anni, avete delle oscillazioni, ma non esiste la mensilità.

Ci sono tutta una serie di errori che vengono fatti delle persone che si muovono pensando che la leva finanziaria, il trading e gli investimenti servano per diventare ricchi ma non funziona così.

Funziona che (come per ogni business), serve intelligenza (e per questo dovete studiare), serve impegno e soprattutto serve tempo.

INVESTIMENTI IN AZIONI: COME FARE?

Come si investe efficacemente in azioni?

In altre parole, come faccio ad estrapolare il massimo valore dalle azioni e dal mercato azionario in generale?

Sul web ci sono tante idee e tanti modi di operare differenti: c'è quello che prende i fondi comuni di investimento, quello che prende gli ETF, quello che prende le singole azioni, quello che fa trading e c'è anche l'operatore che compra e non sa quello che fa.

Mettiamo in chiaro una cosa, però: qua stiamo parlando di investimento e questo è il modo con il quale si estrapola il massimo valore possibile dai mercati perché è il modo di operare dei grandi investitori e di chi è riuscito a generare ingenti quantità di denaro.

Qual è questo metodo?

È molto semplice: comprare e tenere.

Quindi, che voi facciate investimenti in macro o in micro (ovvero sia che facciate delle strategie di investimento globale, ad esempio in ETF, sia che investiate in singole azioni e quindi cerchiate di creare il vostro indice) la cosa fondamentale è sempre riuscire a selezionare le aziende giuste piuttosto che i mercati giusti e tenerli.

Da lì poi c'è anche da considerare quando entrare, come gestire il portafogli eccetera.

Nonostante, per fare il massimo valore sia semplicemente necessario comprare e tenere, tuttavia, la differenza tra comprare e tenere un'azione o un mercato non soddisfacente, e la differenza tra comprare e tenere un business o un'azione sono enormi.

C'è una differenza tra tenere ciò che non ha valore e ciò che ha valore ed il concetto è proprio riuscire a capire cosa, ha valore e cosa no.

Il punto è che per riuscire a comprendere perché comprare e tenere a mercato delle azioni (buy-and-hold), e come estrapolare più valore possibile, dobbiamo riuscire a capire che cosa è un'azione.

Attenzione: perché capire?

Perché un conto è sapere cos'è un'azione, cosa che bene o male chi opera in Borsa sa, e un conto è riuscire a capire realmente qual è la relazione tra investitore che mette in soldi in un'azione e l'azione della società che ci sta sotto.

C'è veramente un universo di mezzo.

Tutti sanno che un'azione è semplicemente la proprietà, rappresenta un titolo quindi rappresenta il fatto che se comprata ho la proprietà della società per un determinato ammontare che ammonta alla quantità di azioni che compro.

Se quindi compro il 2% delle azioni avrò il controllo per il 2% della società e quindi peserò all'interno dell'assemblea degli azionisti (ovvero i soci, i proprietari della società) per il 2%.

Purtroppo il fatto che l'azione ci dà la proprietà, per quanto possa essere scontato, in realtà spesso non lo consideriamo perché pensiamo alla Borsa come a qualche cosa di astratto.

Vediamo le azioni come un qualche cosa che sale e scende e che servono ad essere vendute.

Abbiamo l'ottica di vedere le azioni, la Borsa e i mercati in generale come della speculazione e ci siamo persi il senso di questa faccenda.

Facciamo una similitudine.

Oggi tutti ci vestiamo e nessun individuo dirà mai che si veste per coprirsi, perché abbiamo perso questa necessità: diamo talmente per scontato che dobbiamo vestirci (la moda, il colore, gli abbinamenti, gli accessori) che abbiamo dimenticato il fatto che abbiamo iniziato a farlo per coprirci dal freddo.

È successa esattamente la stessa cosa con le azioni.

Oggi siamo talmente tanto bombardati da consulenti o da promotori finanziari, da traders eccetera, che stiamo perdendo quello che è il senso della Borsa e cosa sono le azioni.

Le azioni non nascono per essere vendute e comprate a caso, le Borse nascono per veicolare risorse, per allocare efficientemente ed efficacemente le risorse, per spostare capitali tra chi ha il denaro ma non ha l'opportunità di investimento (non sa cosa farsene quindi ha un eccesso di denaro) e chi invece ha un deficit di denaro ma sa come impiegarlo perché ha delle opportunità di investimento e di creare della produttività.

A questo servono le azioni: a finanziare le aziende tramite capitale di rischio a differenza, ad esempio, del debito che ha un'altra forma di finanziamento.

Abbiamo perso di vista il fatto che quando si clicca il pulsante "compra" non stiamo facendo altro che mettere i soldi in un'azienda.

Ora, lasciamo perdere il fatto che in realtà quando compriamo diamo i soldi ad un altro investitore (perché scambiamo sul mercato secondario), ma sul mercato primario in origine, l'azienda si quota in Borsa per riceve un finanziamento e quando voi comprate le azioni date del denaro e avete in cambio dei titoli che attestano che siete proprietari, per una certa percentuale, di quell'azienda (quindi avete il diritto al voto e a partecipare agli utili, se dovessero esserci).

Stiamo dicendo quindi che per investire efficacemente in Borsa dobbiamo sapere dove stiamo mettendo i nostri soldi e che dobbiamo innanzitutto sapere che noi stiamo mettendo soldi nei business.

Questo è il segreto della Borsa.

Questo separa le persone che comprano a caso e che perdono soldi o che generano un qualche tipo di rendimento dalla Borsa, da chi fa questo mestiere ed estrapola il massimo valore possibile.

L' errore che spesso si commette è, quindi, quello di cercare di anticipare il mercato.

In qualche modo c'è questa convinzione che l'essere umano medio è in grado di prevedere e anticipare il mercato.

La verità è che la gente compra a naso, compra Telecom perché la conosce, ma non sa dove sta mettendo realmente il proprio denaro, lo fa solo per sentito dire, e queste stesse persone hanno anche la presunzione di sapere quando è il massimo e quando è il minimo.

Prendiamo Tesla, per esempio: per anni, diversi esperti hanno affermato che sarebbe andata a zero, ma in realtà non è stato così.

Lo stesso è successo anche con Apple, Netflix, Amazon e succederà con tutte le aziende che potranno crescere nel modo più assoluto perché vi saranno sempre delle persone che sosterranno che quell'azienda andrà a 0.

La verità è che per ogni azienda ci saranno 99 persone che vi diranno che è sopravvalutata ed una sola persona che invece avrà ragione a sostenerla, questa è la realtà dei fatti.

Quanti hanno potuto fare il 15.000% o il 150.000% su Amazon?

Questi sono rendimenti che si possono fare: 1.000 dollari investiti 20 anni fa adesso sarebbero più di un milione.

Quanti lo hanno fatto realmente? Pochissimi.

È come la storia del Bitcoin: la gente si concentra molto sull'andamento del mercato eppure c'è gente che ci ha fatto un sacco di soldi e non perché continua a comprare e a vendere senza un minimo di strategia.

Ripeto, l'importante non è stare lì a controllare quelo che fa il mercato, ma capire cosa ha valore e cosa invece no e concentrarsi nel capire quali sono le variabili davvero importanti.

Si sprecano tante energie concentrandosi su cose inutili, che potremmo veramente fare un terzo dello sforzo e ottenere dei risultati incredibili (non solo in Borsa, ma, in generale, nella vita).

È questo quindi il segreto, comprare e tenere.

Ovviamente, quando non si sa come procedere, è bene affidarsi ad un consulente o studiare. Infatti in Borsa si fanno danni facilmente: se io compro una cosa che non capisco, che non ha i fondamentali e crolla, ben presto perderò tutti i soldi.

Ci sono momenti in cui è bene comprare e momenti in cui è meglio aspettare, inoltre bisogna sapere quando entrare e quando vendere, che è piuttosto complicato: tendenzialmente il nostro interesse è quello di entrare in un business, allo stesso tempo però, bisogna anche dire che aprire un negozio di salumeria, non è la stessa cosa che partecipare a un business come Apple, Amazon o Netflix; è completamente diverso, le prospettive di crescita sono completamente diverse.

Noi abbiamo la possibilità di entrare in determinati business che creano una marea di denaro con un click: il click è facile, invece, per capire in quali aziende o mercati vale la pena entrare e in quali no c'è un mondo dietro che bisogna approfondire.

Ci sono però delle grosse opportunità.

Nel 2016 il mercato era molto alto, non poteva salire di più, eppure lo ha fatto e determinate azioni sono salite ancora.

Nel 2015 doveva arrivare il crashday ma non c'è stato, c'è stato poi nel 2008 e c'è stato anche nella pandemia in qualche modo, ma poi c'è stato un rimbalzo.

Questo non vuol dire che la Borsa continuerà a salire all'infinito, ma che nonostante tutti i problemi che ci possono essere nel mondo e che ci saranno sempre (le crisi, le bolle speculative eccetera) quello che noi dobbiamo imparare a fare è riuscire a capire che nonostante ci siano cose belle e cose molto brutte c'è sempre del valore nel mondo.

Ci saranno sempre aziende che creano quello che ci circonda o in cui vale la pena entrare.

Quindi, bisogna capire che, nonostante tutto, quello su cui ci dobbiamo concentrare non è tanto il prezzo o il fatto che la Borsa salga o scenda, ma che una parte del nostro denaro è investito in aziende di alto valore che hanno grandi prospettive di crescita e che continuano a generare cash flow nel bene o nel male.

QUALI SONO GLI ERRORI PIÙ FREQUENTI NEGLI INVESTIMENTI?

Gli "investitori allo sbaraglio", ovvero coloro che vogliono iniziare ad investire in Borsa ma non sono molto preparati, commettono generalmente degli errori da dilettanti, molto spesso rafforzati dalla scarsa cultura finanziaria che gira in Italia.

Per spiegare al meglio questi errori, è bene fare un esempio: immaginiamo di aver investito in una piccola azienda dal futuro incerto e la cui posizione è sempre stata in forte perdita (-60%), ma che dal mese scorso invece si trova in forte guadagno (+86%).

In questo caso questo +86% è un guadagno leggero perché questa è un'azienda che può benissimo tornare a pari o addirittura andare in perdita a causa della natura dell'investimento in sé e della natura dell'azienda, che è molto volatile e molto incerta.

Che errori si possono compiere in una situazione del genere?

Innanzitutto, vista la forte perdita, si potrebbe pensare: "Perché non chiuderla? Perché non utilizzare lo stop-loss?".

In secondo luogo, invece, si potrebbe comunque pensare di chiuderla, considerando però stavolta non la perdita ma il guadagno attuale dell'86%.

Concentriamoci su queste due situazioni.

Questo è un problema classico la cui risposta generalmente sul web è quella di chiudere la posizione prima.

Contestualizziamo la situazione.

Innanzitutto si sta utilizzando un tipo di operatività, ovvero quella di stop-loss e take-profit, che non c'entra niente con il resto degli investimenti che fate, quindi il primo errore è la mancanza di coerenza.

Una strategia, quando viene messa in pratica, deve avere una logica ed una coerenza: voi non potete usare strumenti di speculazione e trading con investimenti di lungo periodo, che hanno l'obiettivo di investire nelle aziende ad alto potenziale.

Io lavoro a livello di portafoglio, non mi importa se un'azienda arriva al 100%.

Non è vero che bisogna andare a prendere profitto a tutti i costi perché così si sta guadagnando, ma dipende da quanto avete creduto nell' azienda, dal lavoro e dall'analisi che avete fatto.

L'analisi deve essere fatta prima, quindi se voi l'avete fatta e sapete cosa state facendo non vi spaventa un -60%, ma neanche un -99%, perché avete già budgettizzato prima.

Un altro errore dell'investitore allo sbaraglio è quello di mettere soldi in qualcosa senza saperne nulla, ma solamente per hype o per performance, per poi di conseguenza scottarsi.

In casi del genere si consiglia di non investire e piuttosto spendere quei soldi per studiare e formarsi, soprattutto perché ci sono persone abbastanza sconsiderate che investono tanti soldi (ovviamente in base alla disponibilità) che appunto andranno a perdere.

È fondamentale quindi non investire mai se non si ha la certezza di cosa si sta facendo.

Vi è poi il discorso del take profit: non è importante guadagnare l'86%.

Può sembrare strano ma è veramente un altro modo di operare.

Quando si mettono tot soldi in una determinata azienda non si deve fare né l'80% né il 100%, bisogna fare molto di più nel tempo e ovviamente senza leva, senza debito, senza investimenti a margine.

La critica che in questo caso possono fare i traders è il fatto che non ci sia rapporto rischio rendimento perché se tu sei stato sotto del 60-70% e stai guadagnando l'86% è quasi l'1-1.

Ma l'obiettivo qui non è fare l'86%.

Vedete, questa è una mezza verità perchè non conoscete ancora una volta l'obiettivo del portafoglio e quindi la strategia nel complesso, e non conoscete neanche il peso che l'azienda ha all'interno del portafoglio.

Ci sono tutta una serie di discorsi da fare che vanno al di là di quello che trovate sui social, dove invece risiede una disinformazione incredibile.

Sono questi, quindi, gli errori più comuni che vengono fatti.

C'è chi ha le posizioni in forte perdita e spera che il titolo torni su.

In casi del genere, però, non si può vivere di speranza, quello che dovete fare è prepararvi, sapere che cosa state facendo e dove state mettendo i soldi.

Un altro errore (per esempio), è quando si è sotto del 30%, poi il prezzo torna su e chiudere la posizione quando si è in guadagno del 5%.

È lì che manca il rapporto rischio rendimento.

Questi sono errori molto comuni perché, purtroppo, oggi come oggi aprire un conto per iniziare è veramente facilissimo potendo fare investimenti online.

Questo, ovviamente, è un grande vantaggio se si sa cosa si sta facendo, ma uno svantaggio se invece non vi è voglia di impegnarsi perché, proprio per la semplicità con cui si possono aprire conti, è facile fare disastri.

Anche il copy trading è un errore: il fatto di copiare senza sapere cosa si sta facendo è un problema.

Se non si ha voglia di impegnarsi è meglio piuttosto lasciare la Borsa perchè qualunque attività (fare la Borsa, fare carriera, dimagrire eccetera) richiede un certo impegno.

Se non si è disposti a farlo forse è meglio starsene sul divano.

Quindi, abbiamo parlato di una posizione abbastanza speculativa.

Questa in realtà è un investimento di lungo periodo ma essendo l'azienda molto piccola, essendo in un settore ancora non propriamente maturo e in un contesto altamente competitivo, si può, appunto, definire una posizione abbastanza speculativa in cui il futuro è incerto.

Abbiamo poi delineato diverse problematiche spesso commesse da investitori non propriamente capaci, tendenzialmente investitori retail che non hanno grande dimestichezza nella costruzione di portafogli e nella gestione degli investimenti.

Quali sono gli errori più comuni?

Applicare, ad esempio, strategie di trading all'investimento di lungo periodo.

Ciò è sbagliato perché il trading e l'investimento di lungo periodo seguono due linee e due logiche completamente differenti, quindi andare a mischiare queste cose porta a problematiche.

Riprendiamo l'esempio in cui avevamo una posizione che qualche mese dopo essere stata aperta è andata in perdita del 60% e che adesso invece è in guadagno dell'86%.

Alla luce di questo una persona potrebbe chiedersi: ma perché è stata fatta arrivare fino a perdere il 60% e non è stata chiusa prima?

Perché non è stata stoppata la perdita con l'uso dello stop loss?

Oppure: perché ora che sta guadagnando l'86% non viene chiusa?

Un'altra critica potrebbe essere l'assenza di rapporto rischio rendimento, dato che prima stava sotto del 60% ed ora è sopra dell'86%.

Tutte queste considerazioni sono sbagliate nel momento in cui le applicate all'investimento di lungo periodo appunto perché sono tecniche che vanno bene in un'ottica di trading, quindi short term, di breve periodo.

Attualmente infatti questa posizione è al 213%.

Vedete, quindi, come il primo problema, il problema dello stop-loss, non si pone perché se fosse stata chiusa non si sarebbe potuto beneficiare dei guadagni.

Ovviamente, determinati soggetti potrebbero dire che c'è comunque stata una perdita elevata, ma non è così, il portafogli va gestito in un certo modo.

Per quanto riguarda il secondo problema, non è stata chiusa all'86% ed ora è al 213% quindi il rapporto rischio rendimento è già migliore e dall'altra parte è stato un bene non chiuderla all'86%, perché appunto, è cresciuta ancora di più.

In realtà però adesso si creano delle nuove problematiche ed è proprio qui che è bene concentrarsi.

Come trattare a questo punto la posizione?

Adesso infatti la posizione (che è un'azienda piccola dal futuro incerto), sta crescendo quindi ha un peso all'interno del portafogli che sicuramente si è triplicato.

Infatti, se ho un guadagno netto del 200% lordo sarebbe il 300% di gain, quindi se, ad esempio, aveste investito 1.000€ in questa posizione adesso varrebbe 3.000€, se aveste investito 10.000€ adesso verrebbe 30.000€.

Adesso ogni variazione che fa questa azienda (che essendo appunto piccola) può avere degli sbalzi anche del 20-30% al giorno, può andare a minare quella che è la stabilità del portafoglio.

Quindi, in questo contesto adesso si devono fare determinate considerazioni, perché l'investitore va a tagliare la posizione o va a prendere profitto soltanto per poche ragioni.

Le principali ragioni per cui un investitore potrebbe decidere di tagliare o uscire da una posizione sono, come prima cosa, essere arrivato all'obiettivo di rendimento (che tendenzialmente è molto alto), seconda cosa è il deterioramento dei fondamentali (e non è questo il caso perché il futuro è ancora molto incerto e c'è ancora tantissimo spazio di crescita nel caso ci sia uno scenario positivo) e per ultima cosa il ribilanciamento del portafoglio.

Questa è una cosa che le persone non riescono a capire perché, un investitore allo sbaraglio che magari investe 1.000€ e poi se ne ritrova 3.000€ ovviamente porta immediatamente a casa il profitto senza sapere cosa ha fatto.

Questa si chiama fortuna, è una vera e propria scommessa perché non c'è una logica.

Quello che dobbiamo fare, invece, è ragionare a livello di portafogli e chiederci: quanto credo in questa azienda?

Quanto sono confident nell'analisi e nel futuro di quest'azienda?

Da lì viene fuori la decisione di tagliare o meno la posizione (attenzione: non chiuderla completamente!!).

Io vado a chiudere completamente una posizione soltanto nel momento in cui non credo più nel business.

Quindi, da questo punto di vista uno può decidere di tagliare la posizione.

Ad esempio, se io mi sono preposto che questa azienda deve avere un peso non superiore al 3,5% del portafogli, dovrò vendere le azioni in eccesso in maniera tale che la posizione torni a quella percentuale in maniera tale che la sua volatilità non vada ad influenzare più di tanto la volatilità generale del portafogli.

In questo caso, la valutazione di questa azienda sta diventando un po' troppo gonfia e questo è un problema che si ha quando si investe in piccole aziende con un futuro di forte crescita: si vengono a creare infatti delle forti speculazioni e questo può portare a dei problemi come, per esempio, sballare completamente il portafogli.

In questi casi è bene quindi andare a ridurre, per portare la posizione ad un livello più accettabile.

Tutto, però, dipende da quanto siete confident nell'azienda.

Molto spesso infatti, quando si crede fortemente in un'azienda, nonostante la crescita e nonostante l'incertezza del futuro (perché la certezza non c'è mai), si può anche decidere di non tagliare neanche un'azione.

Questa cosa è molto importante.

Tendenzialmente quello che capita spesso è che le persone sparano a caso, comprano, per esempio, Fiat perché conoscono il nome e poi vendono quando guadagnano il 10%.

Il problema è che poi magari quell'azienda dopo 10 anni fa il 3.000% quindi in realtà voi non avete guadagnato, ma perso dei soldi.

Con questo non voglio dire che voi dovete tenere le aziende per sempre, ma che bisogna studiare perché purtroppo è troppo semplice aprire un conto online e cercare di fare il Warren Buffet della situazione.

Dovete stare attenti a quello che fate e dovete soprattutto prepararvi.

Non si compra un'azienda perché conoscete il nome, non si compra un'azienda perché il prezzo va su, ma ci sono delle considerazioni da fare che vanno al di là di questi semplici tecnicismi da "traderuccio" da quattro soldi.

Il trader serio lavora in un altro modo.

Pensateci bene prima di mettere anche solo 1€ in Borsa perché purtroppo ci si perde spesso.

PERCHE' BISOGNA INVESTIRE SUL LUNGO PERIODO

Vi sono alcuni aspetti molto importanti da tenere in considerazione e da sapere se si vuole investire nel lungo periodo.

Molte persone pensano che il trading sia la soluzione migliore per navigare le incertezze nei mercati azionari o generalmente nei mercati, ma questo non è vero.

Ovviamente questo non vuol dire che chi fa trading sia un idiota, la cosa importante da capire qui è che la maggioranza delle persone purtroppo si approccia ai mercati finanziari non sapendo cosa si sta facendo, pensando di fare un sacco di soldi dall'oggi al domani.

Credono, infatti, di poter speculare sia che la Borsa sale, sia che la Borsa scende e addirittura anche se non si muove, perché, ad esempio, in laterale puoi investire e quindi puoi magari guadagnare in un determinato trading range.

Questo in teoria è vero ma nella pratica purtroppo i traders guadagnano meno del 50% delle volte.

Laddove invece guadagnano più del 50% delle volte, molto spesso basta una sola perdita per andare a pari o per perdere i guadagni, perché non sembra, ma molto spesso non viene rispettata la regola del rapporto rischio rendimento perché poi di fatto nel trading i soldi li fate con il Money Management.

In questo articolo capiremo alcuni vantaggi dell'investimento di lungo periodo, andremo a sfatare alcuni miti e capiremo alcuni importanti concetti (in realtà molto semplici ma non immediati) che magari possono aiutare anche quelle persone che approcciano i mercati con la foga di voler diventare ricchi per poi però alla fine bruciare solo conti.

Una cosa importante da sapere è che non importa che operatività si ha, i drow down ci saranno sempre.

Alcune cose non possono essere previste.

Ray Dalio, per esempio, durante la pandemia si è preso il crash quasi al 100%.

Ha affermato infatti in più interviste che loro al Bridgewater Associates (che tra l'altro è forse l'hedge fund che ha fatto guadagnare più di tutti in assoluto gli investitori), non hanno visto arrivare questa pandemia.

Alcuni magari lo hanno previsto vedendo i primi segnali di virus in circolazione e hanno iniziato a coprirsi o a smobilizzare azioni, ma tanti altri investitori non lo hanno fatto.

Questo vi fa capire come il cercare di anticipare il mercato serve a poco e nessuno è escluso da drawdown, anche piuttosto forti.

Questo è il primo aspetto da considerare.

Il secondo è che non ha importanza quanto grosso è il drawdown: se tu fai le cose fatte bene nel lungo periodo, il mercato ti ricompensa per il rischio.

Ovviamente però, devi fare le cose fatte bene, quindi devi sapere dove andare a mettere i soldi, devi sapere come gestire i pesi di portafogli, devi sapere in che settori, mercati o aziende andare ad investire, insomma c'è un lavoro incredibile.

Non è necessario, invece, stare a guardare le quotazioni o i grafici tutti i giorni perché, se fate le cose fatte bene, senza tutto quello stress incredibile che ci gira attorno, i risultati arrivano.

Nel breve può sembrarvi un crollo incredibile, ma nel lungo periodo il gain deve essere talmente alto che quei crolli poi diventano sempre più piccoli.

Più allungate l'orizzonte temporale, più piccolo sembrerà quel crash.

Ma cosa succede se invece viene mostrato un grafico con un orizzonte temporale ancora più lungo e magari usando dei punti mensili?

Immaginiamo, per esempio, un grafico che va dal 24 agosto 2018 al 28 giugno 2020: il Coronavirus neanche si vedrà.

Qui c'è un altro insegnamento: più è largo l'orizzonte temporale più la volatilità di portafogli si riduce.

Questo rafforza quanto detto in precedenza, ovvero che non è necessario controllare ogni giorno l'andamento e che non bisogna preoccuparsi ogni volta che c'è una news cattiva.

Innanzitutto questo è inutile, perché i ragionamenti che si dovrebbero fare vanno al di là della singola news, ma bisogna sempre mantenere la visione di insieme ed inoltre, cercare di anticipare il mercato porta alla disfatta.

Capite quindi, che la volatilità, così come il rischio, non si può eliminare, lo possiamo attenuare, ma più andate a limitare il rischio, più andate a limitare anche quello che è l'upside risk, cioè i potenziali gain.

Questo è uno dei motivi per cui, in realtà, il trading vi da un tetto massimo, un cap.

Se andate a considerare le persone più ricche del mondo, queste non sono traders, sono investitori: sono diventati ricchi perché hanno creato un business, si sono quotati in Borsa e questa ha fatto esplodere il loro patrimonio, oppure hanno selezionato le aziende giuste.

Prendiamo come esempio Bill Gates: lui ha creato la Microsoft insieme ad un suo socio, si è quotato in Borsa ed è diventato miliardario.

Adesso continua ad investire soldi in nuove aziende, crea sempre business.

È così che si fanno i soldi, non cercando di anticipare il mercato o cercando di speculare su chissà quale crisi.

Certamente c'è qualcuno che lavora in questa maniera, ma quello che si critica è l'approccio della massa che sottovaluta questo lavoro.

Sia che voi facciate investimenti di lungo periodo, sia che facciate speculazione (anche se dovrebbero essere fatti insieme, o al massimo bisognerebbe avere un piano di riserva se si fanno solamente speculazioni) è l'approccio che è completamente sbagliato.

Come prima cosa non dovete fidarvi così facilmente, soprattutto di qualcuno che, per esempio, non vi fa mai vedere le perdite.

Loro non hanno trovato il metodo, semplicemente vi stanno truffando.

Come seconda cosa, dovete lasciare perdere i segnali di trading perché magari il soggetto può anche essere bravo ma voi non sapete cosa state facendo e rischiate comunque di fare dei danni.

Come terza cosa, dovete evitare di investire con la banca, perché innanzitutto essa ha un miliardo di conflitti di interesse, molto spesso poi il consulente bancario non ha competenze elevate quindi non solo rischiate di fare peggio di quello che potreste fare, ma andate a pagare un sacco di soldi, e comunque, anche in caso di guadagno, state facendo le cose in maniera inconsapevole.

I soggetti a cui invece piace la speculazione o il trading, possono magari aver capito che se allungate l'orizzonte temporale in realtà, l'investimento di lungo periodo ha dei vantaggi enormi.

Chi ha fatto gain importanti, non li ha fatti perché non ha rischiato niente, ma perché ha preso le aziende giuste che poi si moltiplicano.

Pensate, per esempio, ai venture capitalists: loro prendono le aziende giuste e tra queste le due che hanno successo fanno una marea di soldi.

Non lo fanno con il trading, non cercano di anticipare, e anche laddove voi vogliate magari speculare, è bene pensare ad un piano di lungo periodo e ad un secondo piano di riserva.

È un po' come quando noi andiamo a lavorare: lavoriamo e ci prendiamo lo stipendio ogni mese, ma una volta smesso di lavorare come si potrebbe sopravvivere senza pensione?

Tanta gente non ha molti risparmi, quindi senza pensione si ritroverebbe senza pane quotidiano.

Non si sa mai come le cose possono andare nella vita, quindi anche laddove io faccia speculazione, è importante avere un secondo piano.

In questo modo voi andate a diversificare a livello strategico.

Magari diversificate anche a livello di asset class (nel senso che magari investo in azioni, obbligazioni, commodities, eccetera), avete diversi stream of income e in questo modo sì che si può raggiungere la libertà finanziaria.

Serve tempo e serve anche tanto impegno.

LA BORSA STA CROLLANDO? COME MI COMPORTO?

Che cosa dovrebbe fare un investitore quando la borsa scende o addirittura crolla?

La prima cosa che viene in mente quando succede una cosa del genere è vendere.

Quello che viene fatto dal 99% delle persone è comprare e vendere tutto perché in qualche modo credono di sapere che quello è il momento giusto.

In realtà questa è una cosa estremamente sbagliata anche perché comprare e vendere vuol dire fare trading, quindi si stanno mischiando due cose che fondamentalmente lavorano in maniera opposta che invece non vanno mai mischiate.

Inoltre, questa cosa dell'uscire da mercato perché ci si aspetta un crollo oppure di entrare perché si crede che quello sia il momento giusto viene in mente a tutti: questo vuol dire che tutti si comporteranno allo stesso modo, la massa otterrà rendimenti medi e rendimenti medi in Borsa vuol dire perdere soldi.

È facile quindi capire che questo modo di operare in realtà è sbagliato.

Prima di vedere che cosa si può fare a livello operativo, è bene dimostrare perché questa cosa peggiora la situazione.

Le statistiche sul trading ci dicono che più della metà delle operazioni svolte sono in perdita: tendenzialmente quindi un trader profittevole guadagna il 46-48% delle volte perché fa soldi sul Money Management (cioè rischia uno per guadagnare due), però il più delle volte va in perdita.

Per capire se effettivamente facendo così peggioriamo o migliorano la situazione, dobbiamo confrontare tali statistiche con quelle degli investitori.

Facciamo dei semplici calcoli prendendo come proxy l'S&P 500 perché è Wall Street.

Tutte le Borse internazionali infatti seguono la scia di Wall Street e quindi bene o male tutti i portafogli hanno una correlazione più o meno forte con la Borsa americana, quindi indipendentemente da quanto si stacca la tua performance dall'S&P 500; di fatto il numero di volte in cui il tuo portafogli salirà o perlomeno non perderà soldi sarà bene o male correlato a quello che fa la Borsa americana, cioè all'S&P 500.

Procediamo con i calcoli: prendiamo i rendimenti giornalieri e calcoliamo quante volte su 100 anni di dati (100 anni di giornate di borsa) l'S&P 500 ha prodotto rendimenti non negativi.

Cosa significa non negativi?

Significa che sono rendimenti maggiori o uguali a zero, quindi la Borsa o è rimasta ferma (quindi non abbiamo perso soldi) oppure li abbiamo guadagnati perché ha fatto un +1%, un rendimento non negativo.

Facciamo poi questo calcolo sia a livello settimanale che a livello mensile sempre in questi 100 anni.

Che cosa è venuto fuori?

È venuto fuori che nel 54% delle giornate, l'investitore non perde soldi.

Potete vedere come questo si discosta in maniera incredibile dalle statistiche del training dove al massimo il trader guadagna il 50% delle volte.

Il trader fa questo guadagno stando davanti al monitor, facendo tutte le sue operazioni, ma se stesse fermo guadagnerebbe il 54% delle giornate.

La situazione sta peggiorando, inoltre se non ci preoccupiamo più del fatto che la borsa fa +1% o -1% in una giornata, ma guardiamo quanto fa in una settimana (quindi prendiamo i rendimenti settimanali), quello che salta fuori è 57%, un ulteriore miglioramento soprattutto in confronto al trading.

Se si prendono i rendimenti mensili, questa cosa ovviamente migliora ancora di più e arriviamo al 59%, così abbiamo dimostrato che più state davanti al monitor, più operate, peggio è, perché se state investendo, non potete fare qualcosa che invece riguarda il training perché andate a peggiorare la situazione.

Le persone credono di migliorare la situazione perché sono convinte che dovrà succedere una cosa piuttosto che un'altra e magari succede, ci azzeccano, ma accadrà una volta, tutte le altre volte non sarà così e questo nel lungo periodo peggiorerà la situazione.

Se vi ritrovate per esempio a vendere, magari la Borsa rimbalza in alto e continua a salire, voi aspettate, alla prima correzione rientrate, ma la Borsa poi crolla e rimanete scottati, oppure entrate quando pensate sia corretto entrare e di fatto la Borsa crolla.

In un modo o nell'altro state sbagliando tutto.

Ma quindi, se non devo comprare e vendere che cosa posso effettivamente fare?

Ovviamente si può fare qualcosa ma prima di vedere cosa, è bene preoccuparsi di una cosa fondamentale: se stai a guardare le quotazioni di tutti i giorni, se guardi continuamente l'andamento della Borsa, non ti stai focalizzando su ciò che realmente conta.

Un investitore che ha dei rendimenti molto buoni e che ha ottenuto successo in Borsa non lo sentirete mai parlare di quanto fa la Borsa oggi, non gli interessa.

Quello di cui voi vi dovete preoccupare è dove mettete i vostri soldi e come li mettete, cioè la vostra esposizione e come vi esponete.

Preoccupiamoci ora di dove mettere i nostri soldi.

Dovete farvi questa domanda: i miei soldi sono investiti in aziende solide e con buone prospettive di crescita?

Questo è quello che conta perché finché un investitore sa' di aver messo dei soldi in un'azienda e quindi in asset che hanno dei fondamentali sotto, con del valore quindi, non ha motivo di preoccuparsi della volatilità di breve o medio periodo.

Passiamo ora all'esposizione.

Cos'è innanzitutto?

È la vostra esposizione in valuta, cioè quanti soldi avete investito in Borsa nella vostra valuta di riferimento.

Se ad esempio noi come valuta di riferimento abbiamo l'euro, avendo investito 100.000€ in un mercato azionario, la nostra esposizione sarà di 100.000€.

Quindi quello che possiamo fare, prima che la borsa scenda, è andare a lavorare sull'esposizione.

Anche qui ci sono principalmente due casi perché l'esposizione in realtà dipende da tanti fattori.

Il primo tra tutti è la tua propensione al rischio (quindi il tuo profilo di rischio) ma anche da quando/quanto hai iniziato ad investire.

Infatti, se hai iniziato da poco o magari non hai per niente investito, quando la Borsa scende è il momento migliore per aumentare la propria esposizione, esattamente il contrario di quello che ti dicono, ovvero vendere quando scende e comprare quando sale.

È esattamente l'opposto rispetto a quello che fanno gli investitori, quindi aumentare la propria esposizione man mano che scende.

Ovviamente devo avere in mente dove andare a mettere i miei soldi e soprattutto devo avere anche una strategia di ingresso, un metodo che mi permetta di espormi nella maniera meno rischiosa e più efficiente possibile.

Cosa succede invece se io investo già da parecchio tempo, 10-20 anni, e ho anche un bel guadagno?

In quel caso è possibile andare a pensare di tagliare l'esposizione.

Attenzione però, tagliare, non uscire completamente da mercato.

Che cosa significa questo?

Questo uscire e tagliare la propria esposizione in realtà dipende dal nostro profilo di rischio e anche dal nostro obiettivo.

Facciamo degli esempi: ammettiamo che io sia arrivato per esempio al punto che dopo 10 anni, specie per via dei rialzi che ci sono stati in Borsa, abbia investito dei soldi e che questi soldi magari abbiano un'esposizione particolarmente elevata, a quel punto può essere che io non riesca più a gestire le mie emozioni, e quindi l'esposizione, in maniera così efficace come all'inizio.

Magari ho iniziato ad investire per esempio 10.000€, sono riuscito a generare 50.000€-100.000€ (quanto dipende dai nostri rendimenti e da quanto siamo bravi) solo che adesso ci sono certe notti in cui vado a letto preoccupato per la mia esposizione perché ho paura e ho l'ansia del fatto che il mercato crolla; così facendo è meglio che tu abbassi la tua esposizione, e quindi prenda profitto, ad una cifra con la quale tu ti senta a tuo agio in termini di esposizione.

Se ad esempio io ho un'esposizione di 100.000€ e ho paura che se la Borsa dovesse crollare del 20% perdo 20.000€, posso abbassare la mia esposizione a 50.000€ o a quello che ritengo opportuno in maniera tale da riuscire a gestire psicologicamente il mio rischio.

Un altro esempio potrebbe essere il fatto che io potrei andare in prepensionamento: sto investendo da vent'anni, ho fatto tutto bene, ho avuto dei bei rendimenti, potrei andare in prepensionamento, ma non me la sento di rischiare perché magari tra 2-3 anni vado in prepensionamento e quei soldi mi servono.

A quel punto io potrei decidere addirittura di vendere tutto o parte del mio portafogli perché in questo modo io mi garantisco il prepensionamento e anche i soldi che ho messo da parte come forma di previdenza aggiuntiva.

Potete vedere come tutto varia a seconda del nostro obiettivo e del nostro profilo di rischio.

Uno può anche decidere di lasciare la propria esposizione: ci sono persone che vogliono far crescere il proprio patrimonio in maniera incredibile, che hanno un'esposizione di milioni e se anche subissero dei forti crolli, metterebbero addirittura altro denaro.

Vedete come questa cosa dipende dagli obiettivi delle persone?

Magari queste stesse persone non vendono quasi mai o si staccano qualcosa periodicamente e tramandano di generazione in generazione: fanno quindi ereditare il proprio portafogli al fine di poter continuare a farlo crescere.

Come vedete ci sono diverse leve da poter utilizzare ma nessuna di queste implica il "secondo me la Borsa sale o scende".

PERCHE' WARREN BUFFET INVESTE IN SNOWFLAKE?

Warren Buffett investe in Snowflake e allora una miriade di investitori si sono fiondati sul titolo facendolo schizzare alle stelle.

Andiamo ad analizzare bene questa mossa di Buffet e facciamo qualche accorgimento per non commettere degli errori banali che possono costare veramente tanto.

Cos'è Snowflake?

È una società nel campo del software, nel campo del Cloud, nella gestione dei dati, dei database e dell'analisi dei dati.

È un trend che è ormai in atto da parecchi anni e che sta emergendo sempre di più.

Ecco allora che Warren Buffett investe in fase di IPO.

In realtà chi investe è la società di Warren Buffet (Berkshire Hathaway), e molto probabilmente è stata una posizione aperta da uno dei suoi collaboratori.

Questa è la seconda volta nella storia della Berkshire Hathaway che Warren Buffet investe in IPO; è un evento estremamente raro e sicuramente un evento di cui tenere sicuramente conto.

Ora, dato che questa cosa ha fatto molto scalpore, l'azione si è più che raddoppiata.

Sicuramente il fatto che Warren Buffet abbia investito, ha dato un grande impulso alle quotazioni e purtroppo, tra tutti quei personaggi che hanno messo soldi in questa società, sicuramente ci sarà qualcuno che commetterà degli errori madornali.

Vediamo allora alcuni dettagli da dover sempre prendere in considerazione quando si parla di investimento: innanzitutto non si deve mai comprare a prescindere un'azione solo perché lo fa qualcun altro.

Un soggetto che prende le sue decisioni seguendo quelle di altri, sicuramente non avrà molti risultati nel lungo periodo.

Una persona deve indagare, deve chiedersi il perché Berkshire Hathaway, ovvero la società di Warren Buffett, abbia investito parte del suo capitale (cosa che ha fatto solamente due volte nei decenni in cui esiste) in una società tecnologica.

Questo è l'atteggiamento di una persona che sicuramente si approccia al mondo degli investimenti e nell'operatività di Borsa in maniera completamente differente e che proprio per questo alla fine avrà dei risultati assai diversi.

È molto più intelligente ragionare così, ovvero facendo partire l'indagine da un quesito: in questo caso "perché la società di un personaggio come Warren Buffett è entrata in IPO e perché l'ha fatto proprio in Snowflake?".

Quindi, il fatto che un personaggio di spicco investa in un'azienda, può far scaturire in voi una domanda alla quale dovete dare una risposta dopo un'approfondita analisi: quindi è importante andare a vedere il business in Snowflake e andare a vedere il portafogli di Warren Buffet.

Come detto in precedenza, Snowflake è in un business che sta crescendo sempre di più, ovvero quello del Cloud software (cloud date warehousing and data analytics si dice in gergo), e il portafoglio Warren Buffett, che è molto tradizionale, ha una scarsa impronta tecnologica.

In realtà, l'impronta tecnologica ce l'ha perché grazie alla pubblicazione dei dati del secondo trimestre 2020 (quindi a fine giugno 2020) si è visto che il 48% del suo portafoglio, un portafoglio di 235 miliardi, era investito in Apple.

Questa grossissima esposizione in Apple è praticamente l'unica esposizione che Buffet ha in tecnology.

Si risponde così anche ad un'altra domanda, ovvero il fatto che si sta cercando di ammodernare un portafoglio che ha una concentrazione parecchio accentuata in una sola società tecnologica e magari diversificarla maggiormente nel tecnologico allontanandosi dal tradizionale proprio perché il mondo è sempre più Tech.

Questi sono un po' di ragionamenti che si possono iniziare a fare, che già danno un'idea, e che sono sicuramente un punto di partenza migliore rispetto a chi senza informarsi decide di investire dei risparmi solamente per seguire Warren Buffet.

È bene parlare anche di questo: è da pazzi (se si hanno dei soldi da parte), investirli solamente perché la società di Buffet lo ha fatto.

Questa è una scommessa.

Proprio per questo è importante vedere anche come ha lavorato Berkshire poiché, per quanto possa essere teoricamente giusta la teoria del "più soldi metti in Borsa meglio è", in realtà è un po' un problema: chi veramente ha fatto i soldi in Borsa ha rischiato il giusto (quindi relativamente poco o comunque in maniera molto consapevole).

Il gioco è rischiare poco per guadagnare tanto, cercare di lavorare sul rapporto rischio e rendimento.

Adesso vedremo alcuni numeri presi sempre dall'ultima trimestrale della società di Buffet, Berkshire Hathaway.

Di Cash and Equivalence, quindi di disponibilità liquide, la società di Buffet aveva ben 147 miliardi dei quali solamente 730 milioni sono stati investiti in Snowflake.

Questo vuol dire che praticamente lo 0,47% circa del suo capitale, della disponibilità liquida, è finita in Snowflake.

Questo può farvi già capire che se per caso avete 10.000 euro da parte non dovete andarli a mettere subito in Borsa a casaccio, è sbagliato.

In questo caso si parla di scommettere e non di investire.

Bisogna investire il giusto, anche perché voi dovete ragionare a livello di portafoglio.

"L'investitore non fa soldi perché ci azzecca sempre": non è così.

All'interno del portafoglio di Berkshire Hathaway (dati al secondo trimestre del 2020), un portafoglio di 235 miliardi in totale, Snowflake prima della quotazione valeva 730 milioni, quindi il peso della società Snowflake all'interno del portafoglio era dello 0,3%.

Dopo il primo giorno dalla quotazione invece, a parità di condizioni, la posizione si è più che raddoppiata: arriva a 0,7% del portafoglio.

In realtà questa è un'approssimazione perché non è stata calcolata la variazione delle altre aziende, ma comunque fa capire che come peso ha meno dell'1% nel portafoglio, un portafoglio gigantesco e solo delle società quotate (Buffet investe anche in società private, ovvero dal capitale privato e non quotato in Borsa).

È chiaro quindi come i professionisti lavorino in modo un po' diverso: non fanno le scommesse, non pensano "domani divento ricco".

Ora cerchiamo di capire perché il gioco è rischiare poco per guadagnare tanto.

Se io investissi 1.000 € in Snowflake e andassi a zero, perderei 1.000, ma se si raddoppia, si triplica, si quadruplica, eccetera, faccio sempre più soldi.

Quindi rischio 1.000 per guadagnare tendenzialmente infinito, ma sicuramente, come vedete, il rapporto rischio/rendimento è molto a mio favore.

Ecco qual è il gioco, cercare di rischiare, ma non necessariamente poco.

È chiaro che una persona che ha più esperienza, che ha disponibilità maggiori o una conoscenza più approfondita del settore, può rischiare anche un po' di più.

Proprio per questo si dovrebbe rischiare il giusto per guadagnare tanto.

Questo è il gioco dell'investitore, ma nel lungo periodo.

Se un'azienda può fare +100% in una seduta può anche fare -20% per tre sedute consecutive e questo fa un'enorme differenza.

Sapere quando si è in procinto di investire vi prepara psicologicamente e sapete anche come andare ad operare, perché ovviamente se non vi rendete conto che queste azioni sono azioni altamente speculative e che hanno delle forti oscillazioni chiaramente rimarrete scottati.

Magari in una giornata fa -30%, voi non ve lo aspettate e andate nel panico, forti del fatto che avevate investito molto di più di quello che potevate permettervi.

In questo caso non potete dire "la Borsa è una truffa, un complotto e fa soldi solo Warren Buffet", non è così: è perché non siete preparati.

Questi sono accorgimenti importantissimi da tenere in considerazione, specialmente il fatto che la società prima di quotarsi in Borsa già era salita di molto.

Ma come?

Non era quotata, su cosa è salita?

Nel mercato privato.

A settembre 2017 la società valeva mezzo miliardo, a febbraio 2020 (neanche 3 anni dopo) 12.4 miliardi, e adesso dopo la quotazione (settembre 2020) è arrivata a 70 miliardi di quotazione, tantissimo per una società che nel

2019 ha fatto 240 milioni di dollari di fatturato e che negli ultimi 4 trimestri non arriva neanche al mezzo miliardo.

Questo significa che non bisognerebbe investire?

Queste sono delle valutazioni pazzesche: l'azione può continuare a salire ma arriverà un momento dove sicuramente andrà in caduta libera perché siamo in lofty valuation.

Si avranno delle valutazioni molto gonfie e questo perché l'entusiasmo inizia a crearsi prima nel mercato privato, man mano cresce, e quando si quota in Borsa, dato che la Borsa è accessibile a professionisti e non, esplode ancora di più.

In quel caso ci possiamo ritrovare in una situazione simile a ciò che è successo con Beyond Meat: questa continuava a salire e i soggetti che non si erano resi conto che già in fase di IPO valeva tanto, hanno poi subito una correzione parecchio forte e molti sono rimasti scottati.

Questo ovviamente non vuol dire che sia sconveniente investire in queste aziende, anzi, se il business è di successo nel lunghissimo periodo queste tipologie di aziende possono dare degli enormi ritorni ai propri azionisti.

La cosa fondamentale, però, è essere preparati all'altissima volatilità: se un'azienda in una giornata può fare +100% il giorno dopo può anche perdere il 60-70% del proprio valore.

Bisogna essere preparati a situazioni del genere e soprattutto avere un orientamento di lunghissimo periodo perché la borsa non è fatta per chi vuole diventare ricco domani.

COME COMPORTARSI DURANTE LE ELEZIONI IN U.S.A?

Elezioni presidenziali 2020 Trump vs Biden, andiamo a vedere come si dovrebbe comportare un investitore nei confronti di questo rischio politico, sia chi investe in ETF sia chi invece fa qualcosa di un po' più sofisticato andando a selezionare le singole aziende una per una.

Prima di andare a vedere questo però è bene fare una piccola premessa, cercando di avere una piccola panoramica delle politiche dell'uno e dell'altro candidato.

Abbiamo da una parte il presidente esistente Trump che di fatto vuol dire status quo.

Le cose non cambieranno più di tanto con altri 4 anni di Trump.

E che cosa vuol dire questo?

Vuol dire principalmente tasse basse; sappiamo che nel 2017 l'amministrazione Trump ha praticamente dimezzato il corporate tax rate, quindi l'imposizione fiscale alle imprese, e tra l'altro, se il Congresso glielo lascia fare probabilmente potremmo vedere delle tasse un po' più basse anche per la middle class , perché Trump ha detto più volte di volerlo fare; per il resto vedremmo le stesse cose, quindi mettere gli Stati Uniti d'America su un piedistallo e cercare di utilizzare la sua forza negoziale come potenza economica per estrapolare il massimo da accordi bilaterali o negoziati con altri paesi.

Abbiamo visto questo scenario con il Canada, con il Messico, con il Giappone, con l'Europa e poi con la famosissima politica di guerra commerciale con la Cina.

C'è quindi questa stance particolarmente aggressiva di Trump che comunque viene considerato anche un personaggio incredibile visto che ogni volta la sua opinione viene smentita dall'oggi al domani.

Pensiamo, per esempio, ai rapporti che aveva con la Nord Corea: nonostante sembrava che si odiassero lui e Kim Jong-un in realtà hanno un'ottima relazione (soprattutto rispetto ad altri Presidenti). .

Trump è generalmente molto imprevedibile e aggressivo per questo ciò che ci si aspetta sono altri quattro anni caratterizzati dalle sue solite dichiarazioni forti.

Dall'altra parte, invece, abbiamo un Democratico.

Mentre i repubblicani, a cui appartiene Trump, sono tendenzialmente vicini alle imprese e alle classi più abbienti, i democratici invece sono più vicini alla classe media e quindi al popolo.

La politica principale di Biden potrebbe essere quindi quella di essere più vicino al popolo ma non così estremista come era ad esempio Elizabeth Warren o Bernie Sanders.

Potrebbe in qualche modo alzare gli stipendi, quindi alzare i salari minimi e avere così una maggiore attenzione verso il popolo per poter ridistribuire meglio la ricchezza al fine di alzare le tasse.

Praticamente gli investitori si aspettano che in qualche modo venga riportata la tassazione alle imprese più o meno al livello precedente e poi più investimenti.

Se i democratici riuscissero a vincere le elezioni, potrebbero esserci, degli stimoli fiscali molto più forti, specialmente a stampo ecologico, a favore degli ambienti.

Sappiamo che un po' tutto il mondo si sta spostando a favore dell'ambiente; quindi, ci sono incentivi fiscali per chi utilizza risorse rinnovabili, tuttavia Trump non ha interessi in questo campo e si è addirittura ritirato dall'accordo di Parigi qualche anno fa.

Questi sono quindi, i due scenari che ci possiamo aspettare a livello politico dai due personaggi.

A fronte di questo un investitore cosa dovrebbe fare?

Di solito è bene separare gli investitori "passivi", ETF, da quelli attivi, ovvero quelli che vanno a selezionare direttamente le aziende, anche se in questo caso non ci sono molte differenze, se non qualche dettaglio.

Ogni volta che c'è un evento particolare in realtà c'è sempre un po' di allarmismo, si pensa che si debba fare chissà che cosa.

Non bisogna guardare quello che succede nel breve, perché è soltanto rumore, movimento e volatilità.

Quello che interessa è il lungo periodo e gli investitori quando devono mettere i soldi da qualche parte, e quando devono investire, non stanno a guardare la politica, non rientra nei loro interessi.

Se noi vogliamo comprare l'ETF, ad esempio l'S&P, sappiamo che è sufficientemente diversificato e ha dentro diversi settori e questo ovviamente fa sì che anche se vengono avvantaggiati alcuni settori rispetto ad altri, bene o male questa cosa viene bilanciata; inoltre, indipendentemente da questo, alla fine quello che conta è il lungo periodo, conta come i business all'interno di quell' ETF crescono nel lungo periodo; quindi non ha una grossa importanza a livello politico.

Oggi abbiamo un maggior peso dei tecnologici negli indici internazionali rispetto ad altri settori e sapendo l'atteggiamento aggressivo che i democratici hanno dei confronti delle Big Tech ci si potrebbe fare qualche domanda.

C'è il rischio regolamentazione e sicuramente qualcosa succederà, come magari qualche multa.

Ci sarà qualche reiscrizione legislativa e quindi si rifaranno un po' di leggi sull'antitrust, quindi sulla competizione dato che questi soggetti effettivamente in qualche caso abusano della loro incredibile forza e posizione di mercato, ma difficilmente ci saranno problemi che ci costringeranno a stravolgere i nostri piani.

Inoltre, dato che i politici devono tendenzialmente rispettare le promesse che hanno fatto in campagna elettorale e il mandato dura 4 anni, loro generalmente guardano al breve medio periodo mentre l'investitore guarda al lungo.

Ovviamente questo cozza ed è anche il motivo per il quale le banche centrali sono separate e non sono controllate dalla politica; in questo modo si ha un qualcosa di più lineare e indipendente e non si è invece dipendenti da democratici o repubblicani, i quali ogni volta andranno ad avvantaggiare determinati settori e fasce della popolazione.

Ci sono tantissime persone che si sono posizionate prima nel settore dei rinnovabili , il quale è salito parecchio perché si dà per scontata la vittoria di Joe Biden.

Ci sono dei settori che, forti del fatto che Biden voglia fare tutte queste politiche green, sono più sensibili a livello politico di altri ma se io ho un ETF ben diversificato non è un grosso problema e i ribassi possono essere occasione di acquisto, specie se non ho un'esposizione al mercato.

Questo non vuol dire che se ho 10.000€ al primo ribasso del 2% vado a mettere 10.000€, devo tenere in conto e spezzettare maggiormente il mio investimento perché la Borsa non scende il 2% , ma può scendere quanto vuole, nulla è stabilito.

È chiaro che poi ci spaventiamo perché andiamo all in, investiamo tutto, e ovviamente questo crea dei grossi problemi.

Se io, però, vado a spezzettare il mio investimento, non c'è assolutamente nessun problema dal punto di vista degli ETF.

Cosa deve fare invece l'investitore che investe in singole azioni?

Bene o male la stessa cosa, perché se io nel portafogli ho delle aziende che bene o male se scendono o se salgono mi stravolgono completamente la situazione vuol dire che ho sbagliato a monte a selezionare le stesse aziende.

L'investitore, infatti, quando va a selezionare le aziende (e questa cosa è molto più forte quando si fa stock picking rispetto a ETF) deve selezionare delle aziende che sono forti indipendentemente da quello che succede (recessione, crisi, pandemia, politica, eccetera).

Possono ovviamente esserci due o tre aziende all'interno del portafogli che possono essere più sensibili a livello politico, però non deve andare a minare completamente e fortemente il portafogli altrimenti è un errore molto grave; In quel caso diventa una scommessa, una scommessa che vince Biden o vince Trump, e il portafogli dipende completamente dalla vittoria dell'uno o dell'altro.

Capite che allora non state investendo per il lungo periodo?

La politica guarda il breve e medio periodo e se costruite un portafogli sulla base della sensibilità politica, allora non state più investendo per il lungo periodo.

I fattori che bisogna guardare quando si va ad investire sono dei fattori solidi, non cambiano facilmente.

Durante la pandemia, aziende che operano in settori che stanno crescendo sono rimaste forti, solide e hanno mantenuto delle prospettive di crescita incredibili.

Se, per esempio, ci sono dei business che scendono parecchio durante le elezioni presidenziali (cosa molto improbabile), si può benissimo valutarne l'acquisto perché non ci deve interessare ciò che accade nel breve, ci deve preoccupare di più avere un portafogli e comprare ad una buona valutazione delle aziende con buone, se non ottime, prospettive di crescita.

Non preoccupatevi assolutamente di quello che accade per la politica!

Quattro anni fa, nel 2016, è successo qualcosa di molto curioso che vale la pena raccontare perché vi fa capire perché non dovete preoccuparvi di questo rumore di breve.

Nel 2016 c'era Obama uscente e chi si scontrava per le elezioni presidenziali erano da una parte Hillary Clinton e dall'altra parte il nostro famoso Donald Trump.

Nonostante tutti davano per vincitrice Hillary Clinton, alla fine vinse Donald Trump.

A fronte di questo, sapete che cosa dicevano gli analisti esperti sulla vittoria di Trump?

Secondo loro doveva essere la fine del mondo, la fine della democrazia; pensavano che le economie con Trump sarebbero andate malissimo e che le Borse sarebbero crollate.

Sapete invece che cosa è successo?

A Borse chiuse ci sono degli strumenti che si chiamano futures, i futures sull'S&P.

Questi sono degli strumenti che seguono esattamente l'andamento dell'S&P 500 con la differenza che vengono scambiati 24 ore su 24 dal lunedì al venerdì.

Questi futures sull'S&P segnavano un -5%, che non è poco in una seduta e non era poco specialmente in quel periodo in cui la volatilità in realtà era abbastanza contenuta (adesso la volatilità non è elevata a livello storico, però, è molto più grande rispetto a quel tempo).

Il futures quindi, a mercato chiuso, stava perdendo il -5%.

Sapete cosa è successo quando poi il giorno dopo la Borsa ha aperto il primo giorno con Trump presidente?

Da quel momento in poi, ha recuperato tutte le perdite, la Borsa è salita, ha chiuso in positivo il giorno stesso e da lì è iniziato un rally pazzesco che è arrivato fino ai giorni nostri.

Facciamo un appunto sulla volatilità che ci si aspetta sul mercato, non ci si aspetta grandissima volatilità, ma c'è un rischio.

Lo scenario un po' più pericoloso è quello che in qualche modo vengano invalidate le elezioni.

Trump nelle scorse settimane ha già espresso la sua opinione sul voto via posta dicendo che queste votazioni sono soggette ad azioni fraudolente, che possono essere falsificare, e quindi, vista appunto la sua imprevedibilità, questo è uno degli scenari che potrebbe succedere: vengono invalidate le elezioni, non c'è un presidente e si generà così del caos e dell'incertezza per qualche mese; questo potrebbe essere l'evento un po' più problematico.

Ci si potrebbe chiedere : "Magari la Borsa con Trump potrebbe salire di più e con Biden potrebbe scendere perché le tasse sono più alte"; c'è da dire però che i democratici vogliono anche spendere tanti soldi per sostenere l'economia, e questa è una cosa molto importante in un periodo per il quale questi stimoli permettono di tenerla a galla.

Poi uno può dire tutte le cose negative che questo porta, però in realtà, togliere un po' di soldi dalle tasche delle aziende e metterle nelle tasche della middle class, nella classe dei lavoratori, non è un idea così tanto sbagliata.

Anche perché non pensate che la Borsa crolli perché si alzano troppo le tasse; non sono dei Bernie Sanders o delle Elizabeth Warren che volevano stravolge la situazione, ma stiamo parlando di tasse un po' più alte che potrebbero essere effettivamente più che compensate dal fatto che la classe media ha più soldi in tasca e può spenderne di più.

Gli Stati Uniti dipendono fortemente dei consumi e questo può effettivamente andare a più che compensare l'innalzamento delle tasse.

L'esatto scenario poi che ci può essere con un Biden, con un Trump, con un congresso a maggioranza repubblicana o a maggioranza democratica, non lo sappiamo e questo è un ulteriore motivo per il quale non dovremmo guardare alla politica e gli investitori appunto non guardano alla politica!

AZIONI O OBBLIGAZIONI? FACCIAMO CHIAREZZA

Azioni o obbligazioni: cosa scegliere? O meglio, quale *mix* dovremmo avere nei nostri portafogli?

Moltissime persone ritengono che oggi il mercato azionario sia molto alto e che sia meglio starne fuori.

Ecco perché oggi si andranno a discutere i fattori che bisogna tenere in considerazione quando si va scegliere il *mix* tra azioni e obbligazioni.

I fattori da guardare sono principalmente quattro:

- Il primo è il nostro **obiettivo finanziario**.

Vogliamo proteggere capitale o vogliamo a farlo crescere?

In base alla risposta si andrà a scegliere un *mix* differente.

- Il secondo fattore è il nostro **profilo di rischio**.

Sono o non sono propenso a rischiare?

Allora si avranno dei *mix* differenti.

- Il terzo è **l'orizzonte temporale**.

Per quanto tempo posso permettermi di "vincolare" il capitale?

Sarà necessario scegliere due opzioni differenti, due *mix* differenti.

- Il quarto fattore, il più complicato, è il **periodo storico che stiamo vivendo**.

> Ci sono periodi in cui magari è meglio sovrappesare una certa *asset class* di azioni rispetto ad un'altra (come per esempio le obbligazioni), e viceversa, e questo ovviamente tenendo in considerazione le altre tre variabili viste in precedenza.

Tali fattori devono sempre essere presi insieme.

Partiamo dal primo, l'obiettivo finanziario.

Noi tutti sappiamo che l'obbligazione a livello legale, se vogliamo, è meno rischiosa rispetto alle azioni.

Infatti, obbligazione - in parole povere - significa che noi prestiamo denaro a qualcuno che poi ce lo dovrà restituire con l'interesse per un certo periodo di tempo, stipulato dal contratto dell'obbligazione; nell''azione, invece, io metto soldi e titolo di capitale di rischio, diventando socio di un'azienda, un'attività imprenditoriale.

Sono, quindi, due cose completamente differenti: nel primo caso vi è un investimento "tranquillo" , nel secondo uno più aggressivo.

Se il mio obiettivo è quello di proteggere il capitale, dovrò protendere di più verso le obbligazioni; se, invece, il mio obiettivo finanziario è quello di far crescere il capitale, dovrò tendere di più verso le azioni, le quali dovranno essere ovviamente di qualità.

Infatti, non tutte le azioni sono uguali, così come le obbligazioni.

Cosa vuol dire proteggere il capitale?

E farlo crescere?

Farlo crescere è molto semplice: vuol dire che io metto soldi in business i quali, più vanno bene, più crescono più i miei soldi cresceranno.

È una forma aggressiva, quindi, di fa crescere il capitale.

Proteggere il capitale, invece, vuol dire proteggere il potere d'acquisto.

Un tempo con 1.000 lire si comprava molto, oggi con 1 € si fa ben poco.

In generale, in tutti i paesi c'è l'inflazione.

Ciò significa che i prezzi a mano a mano salgono nel tempo.

In realtà, quando l'inflazione è controllata, è una condizione che fa crescere l'economia, è qualcosa che fa bene.

Tuttavia, è chiaro che, se lascio 1.000€ nel conto corrente, questi perdono di valore, perché con 1.000€ oggi non sarò in grado di comprare la stessa cosa tra un anno, e più il tempo passerà meno cose potrò comprare con quegli stessi 1.000€.

Come proteggersi dall'inflazione?

Se il mio obiettivo è solo quello di proteggermi, allora dovrò tendere verso le obbligazioni, che mi daranno un rendimento più basso, ma che tendenzialmente riusciranno a proteggermi da questo effetto inflattivo (ovvero dal fatto che i soldi si svalutano nel tempo), se li lascio immobili.

Per questo l'ideale sarebbero obbligazioni indicizzate all'inflazione o, per proteggersi dall'inflazione, anche le materie prime.

Tendenzialmente, se i prezzi salgono, anche i prezzi delle materie prime salgono: pensiamo, per esempio, all'oro, che molto spesso viene utilizzato dagli investitori per proteggersi dal pericolo d'inflazione.

A seconda del mio obiettivo finanziario, quindi, se voglio far crescere i soldi, protenderò di più verso le azioni, mentre, se voglio proteggere il mio capitale, protenderò di più verso le obbligazioni.

Ovviamente posso scegliere un *mix* a seconda del mio obiettivo: posso scegliere una parte di denaro, magari più piccola, investita in azioni, perché voglio che cresca nel tempo, e un'altra parte invece lasciata in obbligazioni cash o altri asset di rifugio tranquilli.

Il secondo aspetto è il profilo di rischio: quanto mi sento di rischiare?

Questo deve avere una coerenza con il nostro obiettivo finanziario: io non posso far crescere il mio capitale e rischiare poco, questa cosa non esiste.

Per prima cosa, devo rendermi conto che, se io voglio far crescere il mio capitale, devo rischiare, viceversa, se non voglio rischiare, potrò proteggere il mio capitale investendo in *asset class* più tranquille.

Non esiste il "rischio poco e guadagno tantissimo".

È vero che, quando devo andare ad investire in azioni, devo seguire una determinata metodologia, usare delle determinate tecniche in maniera tale da rischiare il giusto per guadagnare il più possibile, però devo comunque essere propenso al rischio.

Che cosa vuol dire rischio quando si parla di borsa?

Significa volatilità, significa oscillazione dei prezzi.

Quindi, mi raccomando, è importante avere una certa coerenza tra l'obiettivo finanziario e il profilo di rischio.

Bisogna fare attenzione.

Le persone tendono a cadere in due tipologie di profili di rischio: vi sono le persone estremamente avverse al rischio oppure quelle molto propense al rischio.

Questi due estremi sono caratterizzati da alcuni elementi.

I soggetti estremamente avversi al rischio, che quindi stanno lontani dalle azioni, ritenendole pericolose, molto spesso non conosco neanche minimamente la materia, sono totalmente ignoranti in termini di Finanza ed Economia.

Chiaramente, non sapere e non avere nemmeno una base di questi argomenti fa sì che voi aumentiate la vostra avversione al rischio, ovvero che tendiate verso investimenti a basso rischio, quindi sicuramente un modo per alzare il profilo di rischio è quello di prepararsi.

Perché la Borsa fa paura?

Per l'incertezza.

Ci fa paura quello che è incerto.

Il futuro è un punto di domanda, e più è incerto più ci fa paura.

Il miglior modo per proteggersi dall'incertezza è quello di prepararsi, quindi di studiare.

Questa è una cosa molto banale, però è così.

Oltre a questi soggetti, d'altra parte, ci sono quelli estremamente propensi al rischio, ma che allo stesso tempo sono ignoranti in materia: questi fanno dei danni enormi.

Tra i due profili è forse migliore il soggetto che non conosce e che ha un profilo di rischio basso, perché almeno non va incontro a determinati danni.

Il danno più grosso che questi soggetti possono fare è perdere delle occasioni d'acquisto, però, dato che non sanno niente, è meglio che stiano in investimenti tranquilli rispetto a persone che invece sono propense al rischio, ma sconsiderate.

In Borsa fare cose sconsiderate è sinonimo di andare dritti al fallimento.

È fondamentale quindi prepararsi.

Il terzo aspetto è l'orizzonte temporale.

Questa è una cosa che non tutti sanno e che è bene capire: l'orizzonte temporale incide sul rischio in maniera opposta tra azioni e obbligazioni.

Che cosa vuol dire?

A parità di fondamentali, un'azione diventa a mano a mano, meno pericolosa più l'orizzonte temporale è alto.

Se io per esempio investo in ETF e scelgo dei mercati, quel mercato, che sotto ha dei forti fondamentali, diventa a mano a mano meno pericoloso più è lungo l'orizzonte temporale.

Quindi, a 1 giorno avrò una volatilità più alta (delle oscillazioni di prezzo più alte) rispetto che a 2 giorni, rispetto che a una settimana, rispetto che a un mese e così via: più è lungo l'orizzonte temporale più la volatilità si riduce.

Il concetto è contrario nell'obbligazione: in questo caso è più pericoloso prestare soldi a un anno rispetto che a un mese, cioè più è lungo l'orizzonte temporale nelle obbligazioni più rischiosa essa risulterà.

Questo è il motivo per il quale tendenzialmente a obbligazioni con una *maturity* più lunga (che scadono a più lunga scadenza) corrisponde un tasso di interesse più alto, perché l'investitore deve essere ricompensato del rischio che sta sostenendo, dato che sta prestando denaro per un periodo di tempo più lungo.

Da questo che cosa ne ricaviamo?

Ricaviamo che, se io ho dei soldi con orizzonte temporale corto, dovrò preferire l'obbligazione rispetto all'azione.

Esempio: ammettiamo che io abbia del cash in eccesso, e che tra un anno e un mese debba pagare la retta universitaria a mio figlio e che non voglia lasciare quel cash da parte a far niente.

Una scelta potrebbe essere prendere questi soldi, investirli a un anno (per esempio in obbligazioni a un anno o di vincolarli per un anno), prendermi l'interesse e poi un mese dopo pagare la retta; in questo modo, avendo del cash che ha un orizzonte temporale ristretto (perché mi servono), ho comunque allocato la risorsa in maniera molto efficiente perché non perdo soldi per effetto dell'inflazione, non ho avuto costi opportunità (cioè ho preso l'opportunità nel senso che ho guadagnato del tasso d'interesse, perché guadagnare lo 0,2% è sempre meglio di guadagnare lo 0, dato che questo con l'inflazione diventa negativo), quindi sono riuscito ad allocare efficientemente il mio capitale e magari sono riuscito ad utilizzare parte dell'interesse con l'interesse utilizzato per pagare un po' la retta.

Se invece ho un capitale che non credo di utilizzare nei prossimi 5-10 anni, deve sempre esserci la coerenza con il profilo di rischio e l'obiettivo finanziario, ma in quel caso forse sarebbe meglio impiegarlo in attività che esprimono meglio il loro valore nel lungo periodo.

Che cosa?

Le azioni (tramite ETF o qualcosa di più sofisticato).

Selezione di singole aziende.

Le azioni permettono una crescita forte (a seconda di quanto siete aggressivi e della qualità che fate) e sono l'investimento per eccellenza per il lungo periodo.

Non sono invece l'investimento ideale se avete un orizzonte temporale di un mese: se, per esempio, decidete di comprare delle azioni Apple per poi rivenderle dopo un mese per fare una vacanza, state sbagliando completamente.

Come già detto in precedenza, l'orizzonte temporale dell'azione deve essere lungo, perché quello che Apple farà oggi o tra un mese è incerto, mentre, se è un business che si espande, ha senso investire per 10-15 anni.

Più lungo è l'orizzonte temporale meglio è, perché riduco il rischio.

Se mi servono i soldi tra un mese non è l'ideale, è meglio lasciarli in cash e non complicarsi la vita.

I giovani, ad esempio, possono rischiare di più perché, partendo appunto da giovani, hanno tutta la vita davanti per correggere determinati errori che possono compiere, ma allo stesso tempo possono sfruttare altre due leghe: una è quella di avere un orizzonte temporale molto lungo (e questo significa che rischiano di meno essendo le azioni meno pericolose nel lungo periodo) e allo stesso tempo avere più orizzonti temporali (e quindi più tempo per sfruttare quello che è l'interesse composto).

Più tempo ho a disposizione, più basso è il rischio.

A parità di fondamentali, ovviamente devo sapere quello che sto facendo, ma allo stesso tempo posso anche sfruttare maggiormente l'interesse composto.

Per concludere, quindi: con breve orizzonte temporale è meglio avere obbligazioni o cash, con lungo orizzonte temporale è meglio impiegare il denaro in quegli asset che si apprezzano nel tempo e che esprimono il maggior valore nel lunghissimo periodo.

Il quarto punto – più complicato, come già accennato - è il periodo storico.

C'è un problema di fondo in questo periodo.

Questo è un periodo molto particolare, ma in realtà c'è sempre un periodo particolare quando si investe, perché ci sono sempre pareri contrastanti.

Vediamo il mercato azionario che è molto alto e tantissime persone proprio per questo motivo preferiscono starne fuori.

Alcune di queste persone, hanno investimenti pesanti in obbligazioni, spesso anche investitori professionisti o professionali che sono molto carichi di obbligazioni.

In realtà, in termini relativi, in questo periodo storico non è esattamente così conveniente investire in obbligazioni, seppur si può sentire dappertutto che il mercato azionario è molto alto.

Questo perché abbiamo toccato il fondo per quanto riguarda i tassi di interesse.

È un ragionamento molto semplice: sono più esposto al cosiddetto rischio di tasso oggi che tra 3 anni, perché se io oggi ho tassi di interesse a zero (o addirittura negativi in alcuni casi, come ad esempio in Europa), non possono andare più basso di così e l'unica cosa che io mi posso aspettare verosimilmente nel lungo periodo è che questi tassi tornino a salire.

Quindi vi chiedo: perché dovrei avere un'obbligazione che oggi mi rende lo 0,2%, se per avere ad esempio un rendimento dello 0,65% lordo nei titoli di Stato italiani e BTP devo investire a 10 anni?

Se voglio, invece, investire in qualcosa di più sicuro, come la Germania, addirittura devo dare io i soldi a loro.

In realtà, se ho toccato il fondo, non so quando, ma verosimilmente nel medio lungo periodo mi posso aspettare che i tassi tornino a salire.

Allora perché dovrei avere in portafoglio grosse quantità di obbligazioni che rendono niente, quando la stessa obbligazione emessa dallo stesso emittente (quindi dallo stesso stato o dalla stessa azienda e con la stessa scadenza) un domani renderà di più solo per il fatto che le banche centrali hanno alzato i tassi?

Dov'è la logica in una cosa del genere?

Questa è la principale differenza tra azioni e obbligazioni: l'obbligazione tendenzialmente vi dà un reddito fisso (tant'è che sono chiamati titoli a reddito fisso, *fixed income*), mentre il reddito che vi da un'azione è variabile e dipende dagli utili.

Questo vuol dire che io potrei anche entrare ai massimi storici in un'azienda (che però ha ottime prospettive future in termini di business e quindi in termini di utili) e questa azienda può continuare a salire.

Questo perché il reddito delle azioni dei business forti continua a salire mentre quello delle obbligazioni no, è fisso, e quindi sono molto più suscettibili ai tassi di interesse.

Se un domani le banche centrali (cosa che sicuramente faranno) alzeranno i tassi, gli obbligazionisti verranno penalizzati molto di più rispetto agli azionisti.

Inoltre, dato che sappiamo che le azioni sono più pericolose rispetto alle obbligazioni, quando investiamo in azioni siamo più prudenti rispetto a quando investiamo in obbligazioni e quindi siamo meglio preparati a discese del mercato, perché ce le aspettiamo.

Un investitore che fa il lavoro fatto bene, quando investe in azioni, si può aspettare un 10-15 % in più di correzione dal mercato, quindi parte anche con una testa diversa.

Nelle obbligazioni, invece, specialmente i piccoli investitori investono in titoli di stato, ma non sanno quanto siano vulnerabili perché i tassi oggi sono a zero: magari mettono gran parte dei loro risparmi nelle obbligazioni e, una volta che si alzano i tassi, ci sono i crolli.

Un crollo c'è stato, per esempio, durante la pandemia quando gli spread si sono allargati, dove gli investitori hanno buttato via obbligazioni di aziende o titoli di Stato ritenute rischiose.

Cosa è successo poi?

La Banca Centrale e i Governi con i loro stimoli hanno riassettato la situazione e hanno cercato di tappare i buchi.

Questo può creare altre trappole perché oggi, dove il mercato rende zero, possiamo trovare delle obbligazioni (specie quelle obbligazioni ad alto rendimento, altrimenti conosciute come bond spazzatura, o obbligazioni spazzatura) che rendono il 5-6% e, se io non so cosa sto facendo, c'è il rischio che cada in trappole assurde.

Questo perché, se il mercato rende zero e queste obbligazioni rendono il 5-6%, un motivo c'è e questo motivo si chiama rischio.

Oggi con tutti questi stimoli ci sono anche delle determinate distorsioni all'interno del mercato.

Quali sono queste distorsioni?

Per esempio le *zombie companies*.

Uno zombie è un essere che dovrebbe essere morto e che vive e si nutre della carne dei vivi.

Ci sono molte aziende che si nutrono della carne di vivi, ovvero si nutrono degli obbligazionisti (ignari di questa situazione) e dei tassi bassi.

Sono aziende che in un contesto normale, senza aiuti e con tassi di interesse più alti, sarebbero fallite, ma che invece con gli stimoli riescono a stare a galla, e ci sono tanti investitori che comprano le loro obbligazioni perché attratti dai rendimenti più alti rispetto al mercato, ma che nella sostanza stanno investendo in pessimi business, spesso in crisi (ci sono tante aziende che sono sull'orlo del lastrico e che le persone comunque comprano).

Quel rendimento, per quanto ti possa sembrare allettante, in realtà è molto inferiore rispetto ad altre alternative (come, ad esempio, le azioni) e non va nemmeno a remunerati per il rischio.

Questo perché, anche se sei obbligazionista e a livello legale sono meno rischiose (perché se falliscono dovrebbero restituirti il capitale), devi tenere comunque in considerazione che, se alla fine l'azienda in fase di fallimento non ha più asset e ha liquidato tutto, e tu comunque non riceverai nulla.

È molto importante, quindi, contestualizzare e vedere caso per caso.

Certamente non tutte le obbligazioni sono pessime, ma sul mercato ci sono molte opportunità di business che possono crescere tantissimo nel lungo periodo.

Ovviamente, con una strategia ben precisa, devi essere pronto anche a forte volatilità, ma è generalmente sempre meglio investire in titoli di capitale di rischio e in ottime aziende piuttosto che prestare il denaro in imprese che sono pessime.

Questo proprio perché, se in un caso a livello teorico rischio di più, a livello pratico in realtà sto efficientemente ed efficacemente allocando il mio capitale, perché lo metto in business che crescono nel tempo, mentre dall'altra parte mi faccio abbindolare da un tasso di interesse che però, se poi succede quello che succede, sono soldi persi e, proprio perché sono obbligazioni, molto spesso le persone ci mettono più soldi pensando che siano meno rischiose.

In conclusione, possiamo dire che bisogna veramente stare attenti in quello che si fa.

Ovviamente queste quattro variabili vanno sempre prese in considerazione tutte insieme e mai singolarmente, perché altrimenti si rischia di fare dei danni.

COME FAR CRESCERE IL PROPRIO CAPITALE IN MODO SEMPLICE

In questo capitolo andremo a vedere il modo più semplice - e anche migliore, se vogliamo, sotto tanti aspetti - per far crescere il proprio capitale nel tempo.

Prima di tutto è bene capire una regola fondamentale: per far crescere il proprio capitale bisogna metterlo in *assets* che si apprezzano nel tempo, i cosiddetti *appreciating assets*.

Quali sono questi *assets* che aumentano di valore nel tempo?

Un primo *asset*, conosciuto da tutti, è l'investimento immobiliare.

Si sente spesso la famosa frase "investire nel mattone", perché tendenzialmente le case tendono ad aumentare di prezzo.

Un altro modo è quello di investire nell'oro, un metallo prezioso per eccellenza da migliaia e migliaia di anni e che si è apprezzato nel tempo.

Altri *assets* possono essere, ad esempio, le auto d'epoca: c'è un indice delle auto d'epoca della Mercedes, che ha addirittura sovraperformato il Dow Jones o comunque gran parte dei mercati azionari.

Altri assets ancora possono essere i quadri o le opere d'arte.

Tutti questi *assets*, di cui abbiamo parlato, hanno diverse complicazioni, come i capitali necessari ad investire (negli immobili, ed esempio, servono grossi capitali), l'illiquidità degli stessi e anche la rischiosità.

Quindi qual è l'*asset* che in realtà riesce a risolvere tutti questi problemi?

Il mercato azionario.

Perché il mercato azionario è un *asset* che si apprezza nel tempo?

Per riuscire a comprendere questa cosa, è necessario capire cosa ci sta sotto le azioni.

In realtà è molto semplice, basta guardarci attorno.

Tendenzialmente le persone più abbienti sono persone che lavorano per i fatti propri, o meglio ancora persone che hanno dei business o delle aziende, ed è esattamente per questo che il mercato azionario è l'asset che fa crescere il nostro capitale per eccellenza: ci permette, infatti, di mettere i soldi nelle aziende, sia che poi noi andiamo ad investire in ETF, sia che andiamo ad investire in singole aziende perché ci piacciono quelle aziende lì o perché prevediamo che aumentino di valore nel tempo.

Perché il business ha queste caratteristiche incredibili?

È molto semplice: perché il business crea *cash flow*, flussi di cassa, soldi in altre parole.

Più soldi il business crea, più le sue performance saranno alte in Borsa con conseguente apprezzamento del nostro capitale.

Quindi, in che modo possiamo esporci in questo mondo e qual è il modo migliore per esporsi al mercato azionario?

Ci sono in realtà due modi, uno più semplice e l'altro più complicato.

Quello più semplice è quello tramite ETF, nell'altro invece vado a selezionare le singole aziende. Andiamoci a concentrare ora sugli ETF.

Innanzitutto, che cos'è un ETF?

È uno strumento finanziario che ci permette di avere le stesse performance di un indice o di un mercato di Borsa.

Quando si sente al telegiornale "l'indice Dow Jones ha fatto +1%", di fatto si sta pensando che l'indice, cioè un insieme di aziende (l'indice è un portafogli), ha fatto +1%.

Quando si sente dire che "la Borsa italiana FTSEMIB ha fatto +1%, sappiamo che le aziende che compongono l'indice (cioè il portafogli, perché se metto insieme più aziende ho un portafogli) hanno fatto +1%.

Quindi con l'ETF, e quindi con un semplice click, si può acquistare e avere l'esposizione a tot aziende, da 10 come anche da 1.000.

Questi sono i vantaggi dell'ETF e la semplicità a livelli operativi che questo implica.

Prima dell'ETF, per poter avere esposizione a 30 aziende, era necessario fare 30 click differenti.

Oggi non è più necessario.

Ovviamente, l'ETF può replicare l'andamento non soltanto di un indice azionario o di un indice settoriale di azioni, ma anche di altri *asset class*, come possono essere le obbligazioni o le materie prime, ma a noi interessa il mercato azionario, perché è quello che per eccellenza ci permetterebbe di far crescere il nostro capitale nel tempo.

Qual è il modo migliore per esporsi al mercato azionario?

Qual è la strategia?

La strategia migliore per esporsi al mercato azionario, in realtà, è anche quella più semplice, perché la vera difficoltà sta nell'andare a selezionare quale ETF e quali aziende mettere in portafoglio.

Il modo di farlo è quindi "semplice", perché la cosa migliore che voi possiate fare è un semplicissimo piano di accumulo.

Molte persone sicuramente storceranno il naso, perché pensano che sia poco sofisticato o troppo semplice, ma, se voi aveste messo soldi (anche non molti) nel corso di 10-15 anni, ad oggi sicuramente avreste tanti soldi e probabilmente molti di più rispetto a quei soggetti che millantano così tanto il trading.

Questo perché?

Perché mettere soldi periodicamente in asset che si apprezzano nel tempo dà risultati enormi per effetto dell'interesse composto.

Questa cosa dell'interesse composto non è molto conosciuta, perché le persone sono abituate a ragionare a interesse semplice.

Assumiamo che riusciamo a guadagnare il 10% all'anno (un rendimento che peraltro è possibile fare nel mercato azionario nel lungo periodo a seconda della propria aggressività e di come si costruisce il portafoglio): se io investo 1.000€ all'anno 0, nell'anno 1 io avrò al 10% 1.100€.

L'abitudine generale è quella di prendere quei 100€, intascarli, andarli a spendere, per poi reinvestire ancora 1.000€ e continuare anno dopo anno a guadagnare 100€.

Nell'arco di 10 anni per esempio 100€ all'anno genererebbero 1.000€.

Quello che vi dovete chiedere è: cosa sarebbe successo se io quei 100€ li avessi lasciati a maturare nell'asset che prende valore nel tempo?

Questo si chiama interesse composto.

L'interesse composto, cioè che si accumula nel tempo e che cresce esponenzialmente diventando sempre più grande, si ha per effetto del cosiddetto reinvestimento.

Il reinvestimento in Borsa è quello che, in realtà, produce i maggiori risultati in assoluto.

Nel nostro esempio, se io investissi 1.000€ al 10%, vuol dire che alla fine dell'anno 1 io avrei 1.100€; se quei 100€ non li prendo e li lascio lì anche al secondo anno, l'anno 2 non guadagnerò più 100€, ma 110€, perché io avrò guadagnato l'interesse sul capitale e sull'interesse; il terzo anno guadagnerò l'interesse sul capitale, sull'interesse e sull'interesse; l'anno dopo ancora guadagnerò l'interesse sul capitale, sull'interesse, sull'interesse dell'interesse dell'interesse dell'interesse e così via.

Questa roba qua, che all'inizio mi può sembrare piccola, in realtà nel tempo si accumula e diventa sempre più grande.

Facciamo una similitudine: è come una pallina di neve che voi potete lasciar scivolare dalla cima di una montagna.

Se voi la lasciate cadere, la pallina, che all'inizio ha delle dimensioni ridotte, raccoglierà man mano che rotola sempre più neve (più rotola più raccoglie neve).

Se questa pallina la si porta al punto più alto, avrà più distanza, quindi avrà più strada da fare, avrà più spazio per accumulare sempre più neve e alla fine del tragitto sarà molto più grande di un'altra che sarà partita da una cima più bassa.

Ecco, nei mercati finanziari e azionari è esattamente la stessa cosa.

La pallina è il vostro capitale di partenza, che più grande è, più crescerà in termini assoluti, mentre non subirà modifiche in termini relativi.

In percentuale infatti, non cambia niente, mentre in termini assoluti può prendere più soldi, perché ovviamente guadagnare il 10% su 1.000€ non è come guadagnare il 10% su un milione.

Importante è la distanza, cioè l'altezza della montagna, che costituisce l'orizzonte temporale: più è lungo l'orizzonte temporale, più do spazio e tempo al mio denaro di fare sempre più soldi.

Con l'interesse semplice ad esempio, in un arco temporale di 10 anni, alla fine dell'anno 1 avremo 1.100€ perché investiamo 1.000 all'anno, e avremo poi alla fine dei dieci anni 2.000€.

Nel caso dell'interesse composto, invece, non è così, ed il profitto è molto più grande: a parità di investimento, è quasi 2.600€.

Attenzione però: più tempo passa, più la distanza tra i due interessi crescerà e si farà più grande, esattamente come è stato detto per il discorso della valanga.

Infatti, più si allarga l'orizzonte temporale, più la distanza aumenta.

In questo modo, quegli iniziali 100€ in più che sono stati lasciati dentro a maturare, fanno una differenza enorme, perché nel tempo, con l'interesse semplice si sarebbero guadagnati soltanto 4.000€, mentre nel caso dell'interesse composto infinitamente di più.

La funzione è esponenziale e più tempo ho a disposizione più i soldi crescono.

Questo è il motivo per il quale bisognerebbe iniziare fin da subito, perché ogni giorno che passa sto perdendo un'opportunità.

Tra il dire e il fare, però, c'è di mezzo la nostra psicologia, la nostra presunzione, il fatto che crediamo che la Borsa sia troppo alta o troppo bassa, che sia una bolla speculativa e altre "pagliacciate" del genere.

In realtà, sia che la Borsa sia alta sia che la Borsa sia bassa, c'è sempre un modo ed è sempre il momento di investire.

Ovviamente ci sono anni in cui si investe di più e anni in cui si investe di meno per effetto di determinate situazioni, ma in realtà il problema grosso è che la gente si perde dietro a ragionamenti inutili senza avere la minima base economico-finanziaria, per poi entrare di conseguenza nel momento peggiore e in maniera completamente sbagliata.

Dobbiamo capire che noi non possiamo anticipare il mercato e abbiamo bisogno di una strategia il più indipendente possibile da quello che pensiamo che possa succedere nei mercati.

La storia ci ha insegnato che chi cerca di anticipare i mercati e pensa che questo è il momento giusto o sbagliato per investire in realtà ha sbagliato, e ha sbagliato anche alla grande.

La cosa migliore che uno possa fare prima di iniziare ad investire è iniziare a prepararsi.

Ci sono ovviamente una serie di vantaggi.

Innanzitutto con l'ETF per noi è molto semplice operare, perché con un click riusciamo ad entrare in portafogli diversificati, quindi riusciamo a diversificare anche con pochi soldi.

Questo ovviamente è un vantaggio, perché un conto è comprare 100 aziende una per una, un conto è comprare uno strumento che ha dentro cento aziende.

Oltre che in termini di diversificazione vi sono vantaggi anche in termini di capitali (si possono investire anche capitali bassi), ma soprattutto costa meno ed è molto più semplice gestire la faccenda.

Se da una parte ci sono tutti questi vantaggi, che permetterebbero in realtà di andare a sovraperformare i fondi comuni di investimento (che la storia ci ha insegnato non prendere, perché fanno peggio del mercato e degli ETF), dall'altra parte ci sono delle problematiche.

Dato che le barriere sono molto basse, perché bastano solo un po' di soldi per avere un conto che ti dà accesso all'acquisto di ETF e azioni, è molto semplice fare un sacco di disastri.

Il problema con il quale ci dobbiamo scontrare, infatti, è che di fatto partiamo tutti carichi e pronti ad investire per poi non riuscire a combinare nulla, perché questa cosa qua è tanto facile quanto complicata su altri aspetti.

Il click, il comprare ETF rispetto ad azioni, è soltanto la punta dell'iceberg: a fare click sono capaci tutti, a comprare la roba giusta sono capaci in pochi, a gestirla ancora meno e a selezionare gli strumenti giusti e i posti giusti dove mettere i propri soldi meno ancora.

Il grosso in questo mestiere sta proprio nel dove vai a mettere i soldi e nel come li vai a mettere.

Il come si può riassumere come un piano di accumulo, quindi il fatto che si mettono soldi periodicamente in Borsa.

È bene scadenzare nel tempo ed è bene anche selezionare quelli che sono gli EFT o le azioni meglio posizionate per il futuro.

Questa è una cosa molto importante: se, ad esempio, vedendo la Borsa che sale e l'economia che va male si pensa a come sia strano, vuol dire che ancora non si è capito come funziona la Borsa.

Questa è una cosa normalissima, anzi è la base: alla Borsa non gliene frega niente di oggi o del passato, ma solamente del futuro.

Non si deve pensare "se quello strumento è salito nel tempo allora salirà per sempre" , oppure "oggi l'economia va bene quindi investo in Borsa", non funziona così.

Se tu aspetti quando l'economia va bene per investire, la Borsa può addirittura quadruplicarsi.

È questa la difficoltà: riuscire a capire prima dove riuscire ad entrare e stare lì per il più tempo possibile in maniera tale da sfruttare quello che è l'interesse composto.

Quindi, per concludere, abbiamo enormi possibilità per far crescere il nostro capitale tramite quelli che sono gli *asset* che si apprezzano nel tempo.

Di questi asset che si apprezzano nel tempo il mercato azionario è uno che ha le barriere più basse, perché permette di investire anche i capitali ridotti e ha anche dei ritorni particolarmente elevati.

Possiamo investire sia tramite singole azioni, sia ETF perché è molto più semplice, meno costoso e più passivo.

È, quindi, un modo veramente molto semplice di investire, però allo stesso tempo non dobbiamo prenderlo sotto gamba e dobbiamo avere più o meno la piena consapevolezza di quello che stiamo facendo.

Ovviamente non possiamo sapere tutto, non dobbiamo essere degli esperti di economia e finanza per poter investire, però è assolutamente necessario avere delle conoscenze di base.

PARTE PRATICA

DETTAGLI DELLA STRATEGIA OPERATIVA

Disporre di una strategia operativa significa:

- **Scegliere dove investire**, dunque formarsi e prepararsi studiando e informandosi con costanza;
- **Gestire al meglio il rischio**, il che significa anche prepararsi psicologicamente alle azioni che altri operatori sul mercato possono fare o anche come gestire il rischio tramite il *money management* e anche il *risk meter*;
- **Migliorare la performance** della strategia;
- **Osservare le diverse strategie** che vi sono attorno per trarne informazioni ed esempio.

La strategia operativa è solo la punta dell'iceberg, poiché la parte fondamentale è il tenersi aggiornati e capire cosa stia accadendo nell'economia e sui mercati.

Questo, infatti, influenzerà le decisioni su come e dove investire (poiché non si investe mai se non si ha un'analisi, uno studio o una ricerca su ciò che si investe).

Difatti è bene prima informarsi e poi cominciare ad investire poco alla volta mentre si continua a studiare sull'argomento e nel frattempo si monitora l'economia in cui si sta investendo.

Le parti importanti da monitorare con costanza sono:

- **I profili delle aziende più grandi**, quali Apple, Amazon, Microsoft, Caterpillar, UnitedHealth, Boeing, CVS ecc.;
- **Le politiche che incidono direttamente o indirettamente sui conti**

delle aziende e quindi sull'economia, come gli accordi commerciali, le riforme sanitarie, la regolamentazione dei giganti del web, il blocco negli US di Huawei/ZTE ecc.;
- **Le politiche monetarie**, in particolar modo FED, BCE, BOJ, PBOC, e quelle fiscali;
- **I trend sociali e tecnologici in evoluzione**, come gli e-commerce, cloud computing, sostenibilità ambientale e sociale, crypto ecc.

Per comprendere i meccanismi degli investimenti, dell'economia o comunque in generale di tutto quello che riguarda i mercati, è necessario partire dall'inizio e fare un percorso lineare nello studio dei vari argomenti che questo ambito comprende, in quanto se si inizia direttamente ad investire senza sapere nulla vi ritroverete in forte disagio e con grandi lacune sul da farsi magari in momenti più critici.

Informarsi e aggiornarsi è un requisito imprescindibile per far sì che il processo d'investimento sia quanto più possibile informato e sostenibile sistematicamente nel lungo periodo.

Alcune informazioni utili che si dovrebbero tenere in conto sono ad esempio:

- Il FSTEMIB non ha più rivisto i massimi storici;
- Il settore energetico ha perso buona parte del proprio potere economico;
- La tecnologia ha un peso sempre più marcato nelle economie e nella vita quotidiana delle persone.

Tenersi aggiornati serve, in questo caso, per avere chiare le idee sui mercati sui quali si vuole andare ad investire.

La strategia consiste innanzitutto nello scegliere uno o più mercati nei quali investire, alcuni di seguito sono degli esempi:

- S&P 500;
- NASDAQ 100;
- DAX;
- Altri mercati emergenti.

In base alla tipologia di mercato nella quale si vuole andare ad investire, bisognerà poi deciderne il paese e il settore (per esempio), perché una parte fondamentale dell'investimento è la **diversificazione**.

Quest'ultima diminuisce il rischio, ma allo stesso tempo potrebbe provocare un conseguente calo dei potenziali guadagni.

La diversificazione può essere **geografica** e dunque si osservano i mercati come quelli del Nord America, quali S&P o il NASDAQ 100, quelli dell'Europa, in particolare la Germania, oppure quelli emergenti, ovvero Cina, Corea del Sud, Taiwan, India o Brasile.

Se invece si volesse approcciare alla diversificazione **settoriale**, si dovrebbe tener presente che per esempio il NASDAQ 100 citato prima è del settore tecnologico.

Oltre a questi mercati ce ne sono molti altri in cui poter investire, altrettanto popolari.

Quando si investe per diversificazione geografica è bene sapere che quell'investimento è in realtà un modo per riporre fiducia che il progetto di turno, come l'S&P 500 o il DAX, porterà quel determinato paese a continuare ad essere pioniere nel mercato che riguarda questo determinato lavoro.

Al momento gli US hanno la dominanza assoluta sui mercati d'investimento, nonostante l'avanzata della Cina.

Ovviamente per avere queste informazioni e per poter giudicare da sé come comportarsi in questi casi di contrasto, è importantissimo tenersi informati su tutto ciò che accade attorno ai mercati.

In alcuni casi, quando vi sono particolari tensioni per poter diversificare tra una nazione e l'altra, è bene non concentrarsi su uno solo, perché non si può sapere quale dei due emergerà alla fine.

Dunque, la soluzione più opportuna potrebbe essere investire globalmente, quindi in tutto il mondo, spostando l'attenzione su due mercati in particolare.

In questo mestiere spesso non si tende ad utilizzare la tattica del risparmio, in quanto un investimento tende ad attirarne un altro, e così via.

Dunque, è bene tenersi informati per qualsiasi evenienza in modo da poter investire in qualsiasi momento e poterne trarre guadagno.

Bisogna trovare un compromesso tra la diversificazione, che spesso aumenta la volatilità del portafogli, e l'investimento centrato che invece la abbassa, in quanto si utilizzano poco le transizioni e gli scambi, il che rende la situazione praticamente statica.

Bitcoin, per esempio, è un investimento ad alto rischio e per quanto si possa essere informati, il suo prezzo può variare in una giornata da più 30% a meno 30%.

Questo significa che è estremamente rischioso investire in una sola determinata categoria, come appunto può essere quella di Bitcoin.

Tutti devono considerare i propri limiti, soprattutto nel momento in cui si dipende dal movimento di una sola categoria.

Per questo è ottimale seguirne di più, perché il rischio c'è, ma non crea un grave danno come lo farebbe la perdita di magari tutti gli investimenti in una sola volta.

Nel fare investimenti bisogna anche tenere ben conto delle proprie **risorse** e di quanto tempo si è disposti a dedicare all'informazione riguardo agli investimenti stessi.

Per esempio, se si dispone di una somma ingente di denaro, si può investire in asset più speculativi come Bitcoin in maniera del tutto più tranquilla, nonostante anche qui vi sia il rischio di perdita.

Invece per quanto riguarda il **tempo** che si investe in questo settore è bene sapere che la maggior parte del tempo per imparare lo si spenderà all'inizio, ma questo non significa che una volta che si sono apprese la maggior parte delle cose si è pronti per investire ovunque, piuttosto, dopo che si è acquisita una base, di volta in volta ci si va ad informare sull'azienda sulla quale si vuole investire ma con una ottima formazione che permetterà di avere dei parametri di giudizio più precisi.

Per esempio, se si investe in Bitcoin ed in S&P500 allo stesso momento, non si è diversificato il proprio portafoglio, perché la volatilità di Bitcoin è molte volte più alta di quella di S&P, dunque, l'investimento tende di più ed è a sua volta più influenzato da Bitcoin.

Bitcoin è all'incirca 10 volte più volatile dell'S&P; quindi, se si presuppone che l'investimento sia di 1000€, in una giornata S&P potrà andare a + 1000€ o – 1000€, ma Bitcoin invece andrà 10 volte tanto, quindi + 10.000€ o – 10.000€.

Quindi Bitcoin ha moltissima più influenza sulla spesa dell'investimento.

Un altro esempio idoneo è un investimento fatto per metà sugli US e per l'altra sul DAX.

Qui si può anche decidere che una metà degli investimenti, magari quella degli US, si può ulteriormente suddividere tra S&P e Nasdaq, così facendo non si ha la totalità dell'investimento puntato su un'unica categoria e il portafogli rimane bilanciato, infatti alcune società come Nasdaq sono dentro anche all'S&P, quindi messe insieme si sovrappesano l'una all'altra in maniera equale.

Nell'S&P c'è tutta una serie di società che non sono comprese all'interno del Nasdaq, come ad esempio Caterpillar o Boing, perché fanno parte di settori più tradizionali.

Dai più grandi investitori alle start-up la strategia migliore è quella della diversificazione. Infatti, non investono in singoli progetti ma in moltissimi, perché sanno che potenzialmente possono avere più successo che investendo su una sola categoria.

Se si investe su 100 società di cui magari solo 1 riesce ad avere successo, ma ne ha talmente tanto da essere addirittura quotata in borsa, questo guadagno va a compensare la perdita degli altri 99 investimenti che non sono riusciti.

Una volta che si è identificato dove si vuole investire, ovvero il **mercato di destinazione**, si può proseguire con il **money management**, ovvero:

- **La gestione del capitale**, che è fondamentale per navigare l'incertezza dei mercati finanziari;
- L'altra faccia della medaglia, **il risk management**, che coesiste con il money management; difatti il money management dipende proprio dal fattore rischio, poiché nel momento in cui si sceglie la somma da investire si deve esser pronti anche a perderla.

La strategia funziona se vengono applicati tutti i suoi vari criteri, poiché dopo l'informazione e lo studio delle tecniche e del mercato, si deve mettere in atto un buon uso del proprio denaro, ovvero il money management.

È bene ricordare che durante lo studio e la preparazione anteriore agli investimenti si deve evitare la superficialità, poiché non basta qualche articolo ed una ricerca perché si diventi esperti di mercato, piuttosto occorre diverso tempo e dedizione nella materia per potersi dire alla fine in grado di affrontare questo mondo.

Anche nella diversificazione bisogna fare attenzione, poiché questa, come detto prima, è fondamentale per non correre il rischio di perdite ingenti.

A seguito di un'analisi sulla quantità di denaro che si può investire, si può proseguire con questo lato della strategia, che prevede due tipologie di ingresso, distanziati nel tempo:

- **Ingresso periodico mensile** di ammontare fisso, per questo esistono determinati siti che lo fanno in automatico una volta che l'utente dà l'indicazione di quale importo vuole investire mensilmente;
- **Ingresso dipendente dallo scendere del mercato**, che deve anch'esso essere fisso ma di dimensione più grande rispetto all'ingresso mensile; inoltre non è un ingresso opzionale, ma è semplicemente condizionato dal mercato.

PER ENTRARE NELLO SPECIFICO delle due tipologie di ingresso:

Per quanto riguarda l'**ingresso periodico mensile**, di ammontare fisso, bisogna dire che ha lo scopo di esporre l'utente al mercato per evitare di perdere gli effetti positivi di un eventuale rialzo.

La cifra da investire sarà modica, in modo che le perdite non siano grandi ma accettabili in caso di eventuale ribasso.

È bene ricordare che non si può in alcun modo prevedere il movimento del mercato nel futuro; quindi, si deve entrare sul mercato senza dipendere da alcuna supposizione, bisogna semplicemente monitorare il mercato e trarne benefici o svantaggi in base a come si muove, sempre nell'ottica del rischio che si vuol correre.

Lo scopo è quello di partecipare ad eventuali rialzi riducendo il rischio e adeguandosi al fatto che il mercato può fare dei massimi storici e creare un grande guadagno per l'investitore.

In realtà, a lungo andare, il rialzo farà comprare all'investitore a prezzi sempre più alti che possono risultare dannosi per il portafogli.

Quindi, nonostante si debba calcolare il rischio anche in base ad una percentuale di differenza tra l'ingresso mensile fisso e il DIP, il rischio è sempre in aumento se il mercato è sempre in rialzo, proprio perché se il mercato scende si perde molto di più di ciò che si era guadagnato in principio quando vi era stato il rialzo.

L'investimento di cifra modica si intende sempre soggettivo, infatti è la persona a decidere in base alle proprie disponibilità quanto investire, 100 euro o 100.000 euro possono avere tanto o poco valore agli occhi di due persone con alle spalle delle finanze differenti.

Ad oggi, infatti, grazie a diversi strumenti è possibile investire anche cifre molto basse.

Per quanto riguarda invece l'**ingresso dipendente dallo scendere del mercato**, anch'esso deve essere fisso, e il suo scopo principale è ridurre il rischio, ma anche aumentare il guadagno.

Difatti sarà costituito da una cifra più grande rispetto all'investimento fisso mensile, detto anche **DIP**.

Nel gergo di borsa si usa infatti dire *buy to dip*, che letteralmente sta per *compra perché il mercato è in ribasso*, come per indicare un'occasione buona per comprare.

Quando il prezzo scende infatti è una buona occasione per comprare.

La parte principale della strategia è infatti l'investimento durante le discese di mercato, poiché hanno una duplice finalità:

- Si rischia nei momenti più opportuni, anche se vi si espone di più al mercato;
- Si incrementa il guadagno nel momento in cui il mercato dovesse tornare a standard più alti.

Il mercato azionario diventa dunque man mano **meno rischioso** allo scendere dei prezzi, ma bisogna tenere conto del fatto che:

- Il mercato in cui si investe deve possedere dei fondamentali;
- Questo metodo di investimento mira ad acquistare a prezzi scontati, poiché in alcuni casi le grandi correzioni sono mosse dalla paura piuttosto che da fattori strettamente legati alle economie;
- Comprando mentre il mercato scende può essere un bene per l'investitore perché vi è un disallineamento tra quotazioni di breve e di lungo periodo.

Nel momento dell'investimento se il mercato nel quale si è interessati ha le quote al -20%, le azioni di quest'ultimo diventano appetibili.

Se il mercato dovesse scendere di altri 20% o 30% le azioni sarebbero ancora più appetibili, proprio perché i fondamentali, quindi la sicurezza che si pone nell'azienda nella quale si sta investendo, sono presenti.

Quando il mercato è prezzato correttamente si dice **fairly valued**, ma quando continua a scendere e gli utenti si spaventano, questo finisce per essere sottovalutato.

Nell'investimento a lungo termine la svalutazione temporanea del mercato non crea spavento, poiché a lungo andare le aziende con fondamentali torneranno alla normalità.

ESEMPIO:

Se un investitore è **paziente** e si espone al mercato in maniera opportuna rischiando di volta in volta con accortezza, sta investendo nella maniera più sicura.

Se l'investitore si comporta un po' alla maniera **mainstream**, compra quando il mercato scende e vende quando il mercato sale.

Ponendo queste due tipologie di investitori nello scenario in cui dopo l'avvenire dei massimi storici il mercato scenda del 50% si può osservare che l'investitore iniziale non ha perso nulla, mentre il secondo ha perso esattamente il 50%.

Sarà dunque più facile che si ottenga una potenziale perdita che un potenziale guadagno da un atteggiamento simile negli investimenti.

Quando l'investitore di lungo periodo si esporrà al mercato partirà con il 50% in più del secondo investitore.

Presumendo che il mercato ritorni ai massimi storici, questo incontrerebbe i due a pari investimento ma con guadagni differenti, in quanto il primo raddoppierà ogni volta che il mercato risale, perché ha scelto un momento per investire con cautela, mentre il secondo guadagnerà alla pari del movimento di mercato.

Nel tempo se il mercato dovesse arrivare a 50% il secondo investitore sarebbe ancora non in guadagno ma semplicemente alla pari.

Nel frattempo, il primo investitore farà del suo guadagno più 50%, nonostante la parità di investimento con il secondo.

LE CANDELE GIAPPONESI

Per osservare come procede il proprio investimento nel breve periodo, bisogna osservare il grafico a linea che mostra diversi punti secondo i quali si può monitorare.

SE INVECE SI MODIFICASSE il grafico da linea a candele giapponesi il risultato sarebbe il seguente:

LA DIFFERENZA NON STA solo nei colori, ma il grafico a linea dà soltanto i punti di chiusura ovvero i minimi, mentre quello delle candele mostra anche le ulteriori discese del mercato rispetto a quello lineare.

In poche parole, si perdono dei dati che possono essere molto rilevanti nell'analisi di mercato.

La candela verde, o candela rialzista, è detta tale poiché indica che il prezzo di chiusura è maggiore rispetto a quello di apertura.

I punti da considerare sono:

- Il minimo (sotto la candela);
- L'apertura (il punto di partenza della candela, dal basso);
- La chiusura (il punto finale della candela, in alto);
- Il massimo (sopra la candela).

GRAZIE A QUESTI PUNTI questa tipologia di candela ci dice quanto era l'apertura del mercato, quali sono stati i minimi ed i massimi e in fine a quanto si è chiuso il mercato.

La candela fa riferimento ad un periodo preciso di tempo, che può essere un giorno, una settimana o un mese, persino un minuto.

Il **pattern rialzista** consiste nell' osservare come si modifica la chiusura tra un giorno e l'altro, il che vuol dire che il mercato oggi può chiudere con un prezzo e domani con un altro, magari molto più alto.

In questo modo si può vedere di quanto il mercato è salito in un giorno.

La candela verde **non significa** necessariamente che il **mercato sia salito**, nei casi in cui esso sia sceso questa può essere sempre di questo colore, ma indicherà che la chiusura attuale è minore della precedente.

Bisogna tenere conto solo e soltanto del fatto che essa è verde poiché la chiusura è più alta rispetto all'apertura, anche se il mercato è sceso rispetto al giorno prima.

ESEMPIO:

> In questo particolare caso si può utilizzare l'esempio del mercato Cinese, cresciuto tantissimo nei decenni soprattutto grazie alla leva finanziaria.
>
> Ciò ha destato molta preoccupazione nel momento in cui il suo mercato è cominciato a scendere.

Il mercato arriva ai minimi di -17.7%, ma nonostante questo il mercato chiude nella stessa giornata a soli -3.14%.

Questi movimenti esagerati del mercato hanno causato molte perdite agli investitori, che in primo luogo impauriti hanno cominciato a vendere a dismisura, causando un gap tra il prezzo di chiusura e di nuova apertura, segno che ci sono appunto tanti ordini in vendita.

Molti vendono anche solo perché il mercato scende, e la conseguenza di questo comportamento è stata prevalentemente lo stop loss o addirittura il vero e proprio azzeramento del portafogli.

Sono numerose le cause che portano gli investitori a vendere in questi momenti, ma molti di essi non si pongono problemi, poiché magari lo sono sul lungo periodo, e dunque iniziano a comprare invece che a vendere.

Questa strategia finisce per far salire il mercato quasi cancellando la perdita, ma poiché prevale sempre lo scenario di paura della discesa iniziale, quest'ultimo si tiene sempre su una percentuale più bassa del giorno precedente, anche se di soli -3.14%.

In queste situazioni chi sfrutta per comprare e considera l'andamento a lungo termine piuttosto che a breve, ci guadagna e non poco, purtroppo però vi è una **trappola**.

Paradossalmente se si compra quando si è ai minimi e poi il mercato sale moltissimo, quasi del 20%, l'investitore è tentato a **chiudere** e portarsi giustamente a casa il proprio guadagno, ma in realtà l'investimento va tenuto finché ci sono i fondamentali.

Dunque, è bene ricordare che il guadagno di una giornata particolarmente fortunata può anche non significare nulla se si sta investendo nel **lungo periodo**.

Nonostante questo, il guadagno si potrà utilizzare nelle prossime sedute, perché appunto si continuerà ad investire e non a fare trading.

La candela rossa, o ribassista, indica che il prezzo di chiusura del mercato è minore di quello di apertura di esso.

Si formula al contrario di quella verde:

- Il minimo (sotto la candela);
- La chiusura (il punto di partenza della candela, dal basso);
- L'apertura (il punto finale della candela, in alto);
- Il massimo (sopra la candela).

La chiusura avviene dunque più in basso di dov'era avvenuta l'apertura.

ANCHE PER LA CANDELA rossa bisogna ribadire che essa **non indica che il mercato sia sceso**, ma indica che il prezzo con cui si è chiuso, per esempio nella giornata di oggi, sia minore di quello con cui si è chiuso ieri, ovvero indica il pattern ribassista.

Anche se il mercato dovesse salire in una giornata, il prezzo di chiusura potrebbe risultare minore di quello della giornata precedente.

Questi pattern mostrano perché i trader chiudono le posizioni a fine giornata o il venerdì, generalmente per paura che qualunque notizia che ci possa essere nel corso della notte crei dei forti gap, soprattutto nei weekend in cui i mercati delle azioni sono chiusi e può succede di tutto.

TUTTO INIZIA DAL RISPARMIARE

Come detto in precedenza, nell'investire bisogna considerare due tipi di ingresso, quello fisso mensile, indipendente dal mercato, e quello dipendente dal mercato in discesa, ovvero il DIP.

Per investire in borsa è molto importante il risparmio, poiché investendo per esempio 1.000€, a parità di rendimento di 50%, si guadagnano 500€ e così via.

Allo stesso tempo è importante anche investire nei momenti più opportuni, poiché come si è già osservato, a parità di importo di investimento il guadagno può essere sensibilmente diverso a seconda della strategia utilizzata.

Quindi risparmiando ogni mese la cifra da investire, una parte sarà quella fissa e l'altra quella di fondo DIP.

È anche plausibile che alcune persone abbiano già a disposizione una somma di denaro risparmiata e messa da parte, questa potrà essere utilizzata per il DIP al massimo del 50%.

ESEMPIO:

Si mettono da parte 500€ al mese e in più si hanno a disposizione 10.000€ in risparmi.

Si decide di investire 300€ al mese e di porre gli ultimi 200€ per i DIP.

Sui risparmi invece si dedicano 5.000€ per i DIP.

Bisogna considerare che l'investimento a lungo termine di 5.000€ è molto meno rischioso di quanto lo è nel fare trading.

Allo stesso modo è bene ricordare di investire nei momenti più opportuni, in quanto investire ai massimi storici e farlo invece quando il mercato scende sono due cose completamente differenti, che possono avere anche conseguenze completamente differenti.

L'investimento DIP prevede tre ingressi a seconda delle correzioni:

- Uno quando il mercato corregge il **15-20%** dai massimi storici;
- Uno quando il mercato corregge il **30-40%** dai massimi storici;
- Uno quando il mercato corregge il **50-60%** dai massimi storici;

Se si volesse essere ancora più prudenti si potrebbe prendere in considerazione anche l'opzione del 70-80%.

Facendo riferimento all'esempio prima citato, l'investimento sarà di 1.667€, o 1.250€, ogni volta che il mercato corregge nelle misure indicate sopra.

L'investimento totale in DIP sarà di 5.000€ circa.

C'è sempre una parte di utenti che si spaventa nei momenti della correzione, il che genera pochi investimenti, per questo infatti, bisogna tenere in conto sempre le statistiche di correzione del mercato.

Quando si decide quanto investire mensilmente e in DIP bisogna considerare prima la propria propensione al rischio; dunque, quanto si è disposti a rischiare, e in seguito il momento storico.

Difatti mentre vi si espone sempre di più al mercato se si investe sempre di più, se il mercato dovesse retrocedere si andrebbe in perdita, quindi è un rischio abbastanza alto.

Se si ha **tanto denaro** messo da parte da poter investire al di là dell'ingresso fisso mensile, si può aggiungere moltissimo nell'investimento in DIP, il che crea una grande scala di differenza tra i due tipi di ingressi, il che è ottimale per incrementare il proprio fondo DIP.

Se invece si dispone di **pochi soldi** è bene cominciare a costituire il proprio fondo DIP dall'inizio per poter far fronte al mercato in discesa e avere opportunità d'acquisto e dunque di seguito rialzo.

Continuando secondo l'esempio fatto in precedenza:

Di 500€ si investono dunque 300 mensili e 200 in fondo DIP.

Ipotizzando che si cominci ad investire nel primo mese e che nel 3°, 4° e 5° il mercato corregga rispettivamente del 10%, del 20% e del 40%:

- Nel primo mese il contributo totale sarà di **300€**, poiché 5.200€ saranno diretti al fondo DIP.
- Nel secondo mese il contributo totale sarà sempre di **300€** mentre il DIP avrà altri 200€ salendo ad un totale di 5.400€.
- Nel terzo mese vi sarà una correzione del 10%, dunque l'investimento fisso mensile sarà sempre di 300€, quello del fondo DIP salirà a 5.600€, e poiché la correzione sta sotto al range iniziale del 15%, l'investimento DIP sarà sempre nullo; quindi, il totale di investimento è di **300€.**
- Nel quarto mese vi sarà una correzione del 20%, l'investimento fisso mensile sarà di 300€, quello del fondo DIP salirà a 5.800€ ma l'investimento DIP sarà di 1.933,33€. Il che porta il totale dell'investimento a **2.233,33€**.
- Nel quinto mese vi sarà una correzione del 40%, l'investimento fisso mensile sarà di 300€, quello del fondo DIP salirà a 4.066,67 (5.800-1.933,33+200), l'investimento sarà di 2.003,33 (4.066,67/2).

Il totale d'investimento sarà di **2.333,33€.**

- Nel sesto mese il contributo fisso mensile sarà di 300€, quello del fondo DIP sarà di 2.233,33€ (2.033,33+200). Il totale dell'investimento sarà di **300€**.

Alla fine di questi 6 mesi, il totale dell'investimento sarà di **5.766,67€**.

Bisogna considerare che nei momenti in cui si è investito di più lo si è fatto appunto poiché si era **risparmiata una determinata somma nel mese precedente**.

Infatti, il processo di investimento deve essere fatto a prescindere da come va il mercato ma soprattutto a prescindere da vari impulsi psicologici o opinioni che si possano avere. L'obiettivo dell'investimento è quello di crearsi un'attività autonoma, che diventa automatica con il tempo, per questo è importante non farsi sviare da vari pregiudizi o paure.

Si può ricominciare dall'inizio il processo illustrato prima, anche se non avvenissero tutte le correzioni, purché il mercato abbia fatto **nuovi massimi**

storici abbastanza lontani dai precedenti, e che l'utente abbia **ricostruito almeno il fondo DIP** al momento del primo utilizzo.

Per esempio, seguendo lo scenario precedente, in quel caso il fondo DIP dovrebbe tornare almeno a 5.800€, in modo da poter ritornare ad investire almeno 1.933,33€ per ogni fascia di correzione.

Questa tecnica è importante in quanto nel momento in cui si entra a mercato durante le correzioni, se si usa la stessa cifra si possono comprare più azioni, e ciò si può definire anche come *dollar-cost averaging.*

In poche parole, si può ricominciare di nuovo il proprio affacciarsi al mercato, ma bisogna rispettare le due condizioni citate in precedenza e ricordarsi di mettere da parte una data cifra destinata all' investimento per non trovarsi scoperti nel momento del ribasso del mercato e poter dunque acquistare.

Tenere la cifra di investimento DIP fissa, e dunque come nell'esempio di 1.933,33€, significa che:

- Se il prezzo dello strumento finanziario è di 10€, con 1.933,33€ se ne comprano 193, e il prezzo medio è di 10€.
- Se il prezzo dello strumento finanziario è di 8€, con 1.933,33€ se ne comprano 242, e il prezzo medio scende a 8.89€.
- Se il prezzo dello strumento finanziario è di 5€, con 1.933,33€ se ne comprano 387, e il prezzo medio scende ancora a 7.06€.

Il guadagno si può calcolare sottraendo dal prezzo iniziale dello strumento il suo prezzo medio, per esempio 10-8.89, proprio perché il prezzo medio si riduce perché è influenzato dal fatto che si sta comprando un numero di azioni a prezzo sempre più basso.

Mantenere la stessa cifra di investimento è dunque importante in quanto può garantire l'acquisto, nel momento di ribasso del mercato, di una somma sempre maggiore di azioni ad un prezzo sempre più basso garantendo, nel momento del rialzo del mercato, un grande guadagno seguendo questa strategia.

DOVE ENTRARE A MERCATO?

Quando si vuole analizzare il mercato graficamente e provare ad individuare i DIP si va sulla piattaforma "Investing".

L'analisi andrà effettuata direttamente sullo strumento su cui si intende fare l'investimento, che nell'esempio di questo caso sono gli ETF, ovvero gli EXCHANGE TRADED FUND.

Il calcolo dei DIP in percentuale si fa dai massimi storici.

Se per esempio si volesse andare ad investire nell'S&P 500, si calcola sulla base **dell'indice** il DIP, aspettando che faccia il 20% di storno, oppure si fa l'analisi **direttamente dallo strumento** andando a prendere quello che segue l'S&P 500.

In questo modo si può già dare l'ordine di ingresso al mercato, in modo che se non c'è il tempo materiale per farlo manualmente, il sistema lo può fare da solo.

Un altro vantaggio dell'ETF è che tende a seguire l'indice anche in una giornata caotica, questo accade perché viene scambiato come se fosse un'azione.

Quando c'è timore e tante persone vogliono vendere e poche vogliono comprare; si allarga lo spread, e ciò crea variazioni più forti rispetto a ciò che sta facendo l'indice.

Siccome non vi sono dei fondamentali sotto ma è soltanto un discorso tecnico di mercato, può capitare che se si mette l'ordine al 20% di correzione, questo possa essere toccato anche se l'indice non ha raggiunto il 20%.

In questo modo nel momento in cui l'ETF ritornerà a seguire l'indice, l'utente ne potrà trarre vantaggio.

Se non si è disposti invece a rischiare in questa maniera, si può sempre seguire la prima opzione di seguire direttamente l'indice.

Seguendo il grafico di dicembre 2007, che è un grafico settimanale:

SI PUÒ OSSERVARE CHE si è trattato di un periodo un po' caotico e ce ne accorgiamo dall'osservazione dello strumento che è **l'S&P 500**, ovvero quello su cui si vuole investire.

Lo strumento è seguito dal paese dove viene scambiato, in questo caso gli **US**, seguita dalla **W** che sta per *weekly* ovvero *settimanale* e infine il nome della borsa, qui la **NYSE**.

Ovviamente si tratta di un grafico a candele settimanali, perché indica con più facilità il massimo storico; se si utilizzasse invece quello giornaliero vi sarebbero numerose candele vicine che non darebbero la possibilità di capire bene qual è il massimo storico.

Quest'ultimo, facendo zoom sulla sezione mostra:

IL MOMENTO IN CUI IL mercato è di forte volatilità.

Di qui si iniziano a calcolare i potenziali ingressi, basandoci sui massimi storici; facendo click sulla candela che indica il massimo storico, verranno mostrati i dati della candela stessa; dunque, a quanto ha aperto **O** (155.39), il suo massimo **H** (157.52), il suo minimo **L** (154.54) e a quanto ha chiuso **C** (156.33).

Quello che si deve prende in considerazione è il massimo **H** (157.52), di qui bisognerà cercare di acquistare secondo il range del 15% che si era proposto, o comunque all'incirca quel punto.

Per semplificare il calcolo si prende **il punto medio di ogni range**, quindi tra il 15% e il 20%, tra il 30% e il 40% e tra il 50% e il 60%, e si ottiene:

- DIP 1 = 157.52*(1-0.175) = 157.52*0.825 = 129.954 = 129.95
- DIP 2 = 157.52*(1-0.35) = 157.52*0.65=102.388 = 102.39
- DIP 3 = 157.52*(1-0.55) = 157.52*0.45 = 70.884 = 70.88

Sono calcoli semplici da fare anche in autonomia, ma è bene fare attenzioni alle formule che vengono utilizzate.

Se si volesse utilizzare il 15% basta mettere nella parentesi (1-0.15) o per il 20% (1-0.20) e così via, ma in questo caso è stata utilizzata una media delle percentuali.

Il numero deve essere considerato in **centesimi di dollaro**, dunque è stato (come si può osservare), approssimato per esempio da 129.954 a 129.95, e anche **approssimato per 5 in eccesso**.

Ora se si volessero investire per esempio 2.000$ nel secondo DIP, quindi in 129.95, bisognerebbe fare la divisione tra le due (2.000/129.95).

Il risultato è il numero di ETF che si dovrebbero acquistare con quei soldi (19.53 ETF), di qui si può scegliere se investire in 19 o in 20, perché c'è il 5 che può essere approssimato per difetto o per eccesso.

È bene tenere in considerazione che 1 ETF in meno negli anni può significare una grande somma di denaro; quindi, magari in questi casi è ottimale investire per eccesso di 5, quindi 20.00, ovviamente ciò dipende dalla propria propensione al rischio.

Nel seguente grafico si possono osservare i punti d'ingresso:

LE LINEE STANNO AD indicare il 1° ingresso a 129.95, il 2° a 102.39 ed il 3° a 70.88.

I range che si sono creati nel grafico sono statisticamente significativi quindi dove storicamente vi sono degli ingressi.

Questi sono distanziati e qualcuno erroneamente crede che se investe prima del 1° ingresso e il mercato scende allora sia bene continuare ad investire, nel caso in cui invece il mercato continuasse a scendere e l'utente investa per una seconda volta nello stesso range questo può creargli gravi perdite di soldi, perché il mercato può anche correggere di molto in breve tempo.

Come si può osservare il tempo in cui il mercato è sceso è stato parecchio lungo, perciò bisogna avere tanta pazienza.

Difatti, anche la correzione è stata molto grande, ma i massimi storici non sono più stati aggiornati, perché non vi sono stati.

Se ciò dovesse accadere, sarebbe bene andare ad aggiornare il proprio tasso di investimento DIP sulla base dei range, non appena si classificano i nuovi massimi; successivamente, prima di ricominciare ad investire bisogna assolutamente assicurarsi di aver ricostruito il fondo DIP.

Il mercato non si può anticipare ma si può ragionare in questa maniera, se il mercato sale si partecipa in una certa misura, se questo scende si partecipa in un'altra misura ancora. Soprattutto quando il mercato scende è bene non tirarsi indietro, piuttosto si riduce la somma, ma non si abbandona.

Dopo una candela rossa è plausibile che si voglia ricalcolare il DIP perché magari si pensa che il mercato possa scendere da un momento all'altro, e magari si mette già l'ordine di investimento con una certa somma.

In questo modo, anche senza che si stia a controllare ad ogni momento come si sta muovendo il mercato, non si rischia di perdere l'occasione di comprare a basso prezzo.

Nella realtà del grafico, si può osservare come dopo la discesa vi siano stati dei nuovi massimi storici e dunque si riaggiornano i DIP.

In questa maniera, nel momento in cui il mercato è sceso, l'ordine era già impostato e si è avvantaggiati.

Che il momento dell'entrata al mercato non sia perfettamente esatto non è un problema, poiché si sta investendo a lungo periodo; infatti, guardando il grafico si può vedere come chi non ha impostato dei limiti e dunque degli ordini, nel momento in cui il mercato è sceso a dismisura questo ha causato gravissime perdite a questi utenti.

È bene dunque investire il giusto (che è soggettivo).

Supponendo che si entri in un certo momento, quando il mercato scende si arriva ad una perdita del 20%.

Se si investono altri soldi mentre il mercato continua a scendere si continua a perdere, ma si è raddoppiata la propria esposizione.

Supponendo che si parli di 100€, questo significa che su 200€ si sarà perso il 10% in maniera relativa, perché in realtà sempre di 20€ di perdita si tratta.

Se si segue la strategia, si potrà vedere come il prezzo di carico andrà a scendere con esso, e si investirà appunto nel momento in cui il prezzo sarà basso nuovamente perché con il rialzo si potrà di nuovo guadagnare.

Bisogna considerare che il mercato è sempre in movimento e che quindi la situazione di guadagno può cambiare; infatti, quando si farà un nuovo ingresso a mercato, non si partirà dai minimi ma dal nuovo punto di massimo.

Chi compra azioni singole, non dall'indice, spesso non sa nemmeno cosa c'è dietro a quest'azione o magari dietro all'azienda.

Nel caso in cui dovesse guadagnare con quest'azione solitamente la chiudono e aspettano per riacquistarla, quando magari si poteva tenere l'azione e guadagnarci anche il 100% dei soldi del rialzo.

È questo il meccanismo che fa guadagnare delle piccole somme in modo casuale che non portano da nessuna parte e che a lungo andare non portano neanche grandi profitti.

Questo avviene perché non si può prevedere il mercato ed i suoi movimenti.

Se si prende in analisi il **fondo di Ray Dalio**, si osserva che questo è composto da due principali componenti, una è *Pure Alpha* che consiste nel sovra preformare il mercato e l'altra che si chiama *All Weather Portfolio*, che si comporta in modo da non essere toccato dai movimenti del mercato.

Difatti, questi sono movimenti che hanno le spalle coperte da strategie imponenti nel provare a prevedere il mercato; infatti, qui un movimento sbagliato è coperto dalla presenza di un altro progetto.

È bene considerare nell'investimento anche il fattore culturale di un paese, poiché questo può essere un buon punto di partenza per un'ottima economia di mercato

Su questo hanno influenza la politica, i movimenti sociali, ma anche la cultura stessa del paese.

In quest'ottica sono stati gli **US** ad aver creato uno scenario di **compromesso** tra l'avvantaggiare la classe media ed i capitalisti un po' alla volta.

Quando si è trattato l'argomento di ingresso dei DIP, si sono considerati i range tra:

- 15%-20%;
- 30%-40%;
- 50%-60%.

In tutti i casi si è arrotondato per eccesso di 5, ma per scegliere sulla base di cosa fare questa approssimazione, bisogna tenere in conto della propria propensione al rischio.

Non c'è una risposta universale, perché ognuno di noi ragiona a modo suo.

Lo scopo del DIP è proprio quello di coprire nel momento in cui il mercato scende, ma se non dovesse arrivare al range proposto in precedenza, o magari deciso in autonomia, allora non si entra a mercato.

Nel momento in cui si sale verso la parte alta del range, allora si tratta di una propensione all'alto rischio, che può causare la *fear of missing out*, oppure paura di perdere il range. Mentre prendere un punto intermedio nel range è di medio rischio.

Questo significa che se si è particolarmente paurosi in queste situazioni, non sapendo che il mercato può rimanere sullo stesso livello anche per dieci anni, è bene che ci si sposti sui range più bassi e avere un'esposizione più bassa a mercato; quindi, serve coerenza nell'uso della strategia rispettando il range prestabilito.

Si possono anche apportare delle modifiche alla propria strategia, ma è bene sempre cercare di rispettarla.

Nel 2015 è avvenuta una correzione dai massimi storici del 15%.

Se un'utente si è prefissato che entrerà al 17%, allora dovrà aspettare se vuole rispettare la strategia.

SI PUÒ (IN QUESTO CASO) entrare comunque, ma bisogna prima vedere se si tratta di una buona opportunità di acquisto.

Questo scenario ovviamente appartiene a chi è più propenso al rischio, che entrerà anche al 30% o al 50%.

Allo stesso modo se si è soddisfatti della propria esposizione a mercato, non c'è bisogno di esagerare e continuare ad esporsi, ma si può tranquillamente rispettare la strategia anche risparmiando e ingrandendo intanto il proprio fondo DIP.

In questo modo si crea un piano B nel caso in cui i fondi personali di investimento dovessero diminuire.

Negli anni 2000, se si osserva il seguente grafico:

SI NOTA CHE SE SI ENTRA a mercato dall'inizio il prezzo di carico va ad aumentare e poi a diminuire, mentre il DIP ha i suoi parametri sempre fissi, che fanno investire sempre più soldi.

Dopo la discesa però il mercato torna a salire.

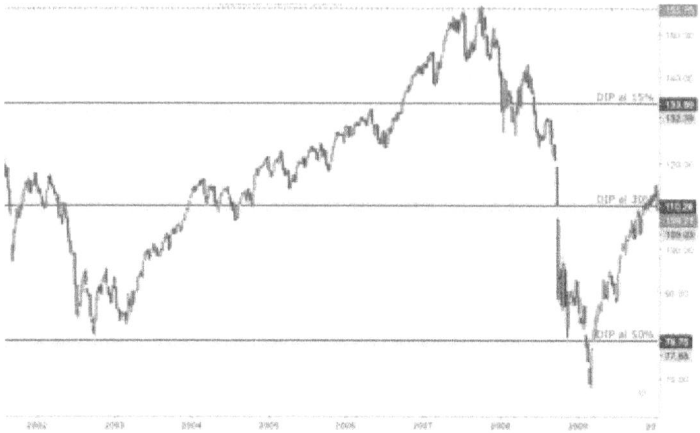

IN QUESTO CASO BISOGNERÀ ricalcolare gli ingressi DIP in base ai nuovi massimi storici molto piccoli.

Se si è propensi al rischio si continuerà ad investire nonostante il fatto che dal 2000 al 2010 non ci siano stati nuovi massimi storici di grande valenza.

Infatti, il lungo rischio corso in quasi 10 anni viene ricompensato poiché le svariate occasioni di acquisto portano un grande guadagno nel momento in cui il mercato riprende a salire.

DI QUI SI PUÒ DECIDERE dove e quanto riesporsi al mercato anche facendo delle modifiche, poiché all'inizio si era rispettata la strategia e non si è andati in grave perdita.

ANALIZZIAMO I NUMERI

Nelle seguenti tabelle si espone la **strategia tra il 1989-2019 e tra il 2000-2019**.

1989-2019	**STRATEGIA ALL IN**	
SALDO INIZIALE	$ 500	$ 222,500
SALDO FINALE	$ 703,647.33	$ 2,121,206
INVESTIMENTO TOTALE	$ 222,500.00	$ 222,500.00
DIP	$ 40,000.00	$ -
INGRESSI DIP	8	-
PROFITTO	$ 481,147.33	$ 1,898,706.99
PROFITTO %	216,2 %	853 %
CRESCITA ANNUA COMPOSTA	26.91%	7.69 %
MAX DRAWDOWN	-46,9 %	-52.0 %

2000-2019	STRATEGIA ALL IN	
SALDO INIZIALE	$ 500	$ 146,500.00
SALDO FINALE	$ 291,391.97	$ 263,862.72
INVESTIMENTO TOTALE	$ 146,500.00	$ 146,500.00
DIP	$ 30,000.00	$ -
INGRESSI DIP	6	-
PROFITTO	$ 144,891.97	$ 117,362.72
PROFITTO %	98.9 %	80.1 %
CRESCITA ANNUA COMPOSTA	38.81%	3.08 %
MAX DRAWDOWN	-41.6 %	-52.0 %

Vi sono dei saldi iniziali ed investimenti totali differenti tra le categorie (evidenziate in rosso), perché investire nella stessa cosa per 30 e farlo per 20 è una questione completamente diversa.

L'all-in sta a rappresentare l'investimento totale.

Il saldo iniziale tra le due tabelle è lo stesso, mentre la differenza di 10 anni ha creato un divario in quello finale, che è invece molto più piccolo tra il 2000 e il 2019.

Il rendimento al mercato non è infatti lineare, può essere che il guadagno di 1 anno sia di 1.000€ e poi nei prossimi 10 anni non si guadagni più nulla o anzi si perda tutto.

Questo dipende dal rendimento e dall'interesse di investimento, ovvero il **compounding** di borsa.

Supponendo di essere all'inizio:

- Se l'S&P 500 ha un valore di mercato di € 500.00, una variazione di 1% significheranno € 5 in più.

Seguendo lo stesso ragionamento:

- Valore: € 505.00 con 1% di variazione = € 5.05 in più;
- Valore: € 515.00 con 1% di variazione = € 5.15 in più.

Nel tempo il portafogli sale poiché:

- Si mettono soldi e fondi DIP di continuo;
- Se il momento storico è ottimale.

Per questo si è partiti da $ 500.00 a gennaio 1989 e si è arrivati a $703.647.33 a maggio 2019.

30 anni dopo la variazione che era da € 5 adesso è di € 7.000, considerando sempre la variazione dell'1%:

- Valore: € 703.647.33 con 1% di variazione = € 7.036.47 in più;
- Valore: € 710.683.80 con 1% di variazione = € 7.106.84 in più;
- Valore: € 724.827.11 con 1% di variazione = € 7.248.27 in più;

Questi risultati si sono ottenuti semplicemente risparmiando, e non facendo considerazioni su come si muoverà il mercato.

A parità di risparmio, questo è ciò che è accaduto anche al **NASDAQ**:

- Valore: € 2.060.367.70 con 1% di variazione = € 20.603.68 in più;
- Valore: € 2.080.971.38 con 1% di variazione = € 20.809.71 in più;
- Valore: € 2.122.984.77 con 1% di variazione = € 21.223.85 in più;

Questo ragionamento vale anche al contrario, la variazione dell' 1% può essere **a favore o a scapito dell'utente** e creare dunque perdita, ma la perdita nel tempo ha un impatto sempre minore sul portafogli, cosa invece contraria per il guadagno che si crea in misura più grande grazie all'affetto **compounding.**

Se si osservano infatti le differenze tra la crescita annua e il massimo drawdown si nota che non vi sono tante perdite rispetto al guadagno ottenuto dagli investimenti.

Per quanto riguarda invece il **valore DIP**:

1989-2019	**STRATEGIA**	**ALL IN**
SALDO INIZIALE	$ 500	$ 222,500
SALDO FINALE	$ 703,647.33	$ 2,121,206
INVESTIMENTO TOTALE	$ 222,500.00	$ 222,500.00
DIP	$ 40,000.00	$ -
		-
INGRESSI DIP	8	
PROFITTO	$ 481,147.33	$ 1,898,706.99
PROFITTO %	216,2 %	853 %
CRESCITA ANNUA COMPOSTA	26.91%	7.69 %
MAX DRAWDOWN	-46,9 %	-52.0 %

2000-2019	**STRATEGIA**	**ALL IN**
SALDO INIZIALE	$ 500	$ 146,500.00
SALDO FINALE	$ 291,391.97	$ 263,862.72
INVESTIMENTO TOTALE	$ 146,500.00	$ 146,500.00
DIP	$ 30,000.00	$ -
INGRESSI DIP	6	-
PROFITTO	$ 144,891.97	$ 117,362.72
PROFITTO %	98.9 %	80.1 %
CRESCITA ANNUA COMPOSTA	38.81%	3.08 %
MAX DRAWDOWN	-41.6 %	-52.0 %

LA DIFFERENZA TRA 19 anni e 30 anni coi DIP vicini di numero (6-8), accade per contesti storici diversi e per il fatto che le variazioni molto grandi nella storia non danneggiano i guadagni se si guarda a lungo termine.

Difatti, le correzioni non sono né complicate né frequenti, quindi a lungo andare nel tempo si osserva che la volatilità dei propri investimenti diminuisce se ben gestita.

Per risparmiare non bisogna fare molti sforzi, bastano piccoli gesti come non utilizzare la macchina (che crea moltissime spese), per fare tratti brevi, non fare spese inutili, e così via.

Se si dispone di molti risparmi, infatti, si crea un piano B, per essere coperti con i DIP.

Supponendo di avere 500€ da investire, è bene dedicarne almeno metà al fondo DIP se questo ancora non è stato costituito, senza esporsi troppo inizialmente; ovviamente ognuno deve seguire questo ragionamento sulla base delle proprie finanze.

Man mano che il mercato scende si può ridurre l'ingresso DIP, mentre, nel momento in cui il mercato sale e fa massimi storici si può ricominciare a ridurre l'ingresso mensile fisso e aumentare quello del fondo DIP per ricostruirlo nuovamente.

Per quanto riguarda **il profitto**:

1989-2019	**STRATEGIA**	**ALL IN**
SALDO INIZIALE	$ 500	$ 222,500
SALDO FINALE	$ 703,647.33	$ 2,121,206
INVESTIMENTO TOTALE	$ 222,500.00	$ 222,500.00
DIP	$ 40,000.00	$ -
		-
INGRESSI DIP	8	
PROFITTO	$ 481,147.33	$ 1,898,706.99
PROFITTO %	216,2 %	853 %
CRESCITA ANNUA COMPOSTA	26.91%	7.69 %
MAX DRAWDOWN	-46,9 %	-52.0 %

2000-2019	**STRATEGIA ALL IN**	
SALDO INIZIALE	$ 500	$ 146,500.00
SALDO FINALE	$ 291,391.97	$ 263,862.72
INVESTIMENTO TOTALE	$ 146,500.00	$ 146,500.00
DIP	$ 30,000.00	$ -
INGRESSI DIP	6	-
PROFITTO	$ 144,891.97	$ 117,362.72
PROFITTO %	98.9 %	80.1 %
CRESCITA ANNUA COMPOSTA	38.81%	3.08 %
MAX DRAWDOWN	-41.6 %	-52.0 %

ANCHE IN QUESTO ESEMPIO non vi è una regolarità nel tempo, poiché questa dipende anche e soprattutto dagli ingressi che si sono. fatti.

Di qui si crea un'esposizione a mercato che può nel tempo essere favorevole.

Sul **profitto percentuale**:

1989-2019	**STRATEGIA**	**ALL IN**
SALDO INIZIALE	$ 500	$ 222,500
SALDO FINALE	$ 703,647.33	$ 2,121,206
INVESTIMENTO TOTALE	$ 222,500.00	$ 222,500.00
DIP	$ 40,000.00	$ -
		-
INGRESSI DIP	8	
PROFITTO	$ 481,147.33	$ 1,898,706.99
PROFITTO %	216,2 %	853 %
CRESCITA ANNUA COMPOSTA	26.91%	7.69 %
MAX DRAWDOWN	-46,9 %	-52.0 %

2000-2019	**STRATEGIA**	**ALL IN**
SALDO INIZIALE	$ 500	$ 146,500.00
SALDO FINALE	$ 291,391.97	$ 263,862.72
INVESTIMENTO TOTALE	$ 146,500.00	$ 146,500.00
DIP	$ 30,000.00	$ -
INGRESSI DIP	6	-
PROFITTO	$ 144,891.97	$ 117,362.72
PROFITTO %	98.9 %	80.1 %
CRESCITA ANNUA COMPOSTA	38.81%	3.08 %
MAX DRAWDOWN	-41.6 %	-52.0 %

QUI SI OSSERVA COME dal 2000 al 2019 la strategia performa meglio in quanto *batte* l'all in, mentre tra il 1989-2019 non è così.

L'aumento del denaro investito abbassa il profitto percentuale, quindi sapendo che dal 2000 il mercato è sceso, si sa anche che si è acquistato a prezzi più vantaggiosi, e dunque l'impatto degli ingressi è stato minore sul profitto in percentuale, in quanto il profitto stesso è cresciuto.

Seguendo l'*ESEMPIO:*

> Se si investono € 1.000 a valore di mercato € 1.200, il profitto sarà di € 200 e dunque del 20 %.

Alla fine del mese si fa un altro investimento, questa volta di € 1.300, con un valore di mercato che sarà di €1.200+€300 che si sono investiti, quindi € 1.500.

Il profitto sarà sempre di € 200, ma in percentuale sarà del 15% perché, come detto in precedenza, l'aumento del denaro investito abbassa il profitto percentuale, dunque ciò che accade anche nelle tabelle.

Al **contrario**, se si è in perdita, il profitto percentuale si alza nel caso di nuovi investimenti, anche se il valore assoluto non cambia.

Quindi, se l'investimento iniziale è di € 1.000 a valore di mercato € 800, il profitto sarà di - € 200, quindi - 20 %.

Nel periodo seguente, l'investimento di € 1.300 a valore di mercato € 1.100 darà un profitto di sempre - € 200, ma in percentuale la perdita sarà minore, ovvero del – 15%

Sulla **crescita annua composta**:

1989-2019	**STRATEGIA**	**ALL IN**
SALDO INIZIALE	$ 500	$ 222,500
SALDO FINALE	$ 703,647.33	$ 2,121,206
INVESTIMENTO TOTALE	$ 222,500.00	$ 222,500.00
DIP	$ 40,000.00	$ - -
INGRESSI DIP	8	
PROFITTO	$ 481,147.33	$ 1,898,706.99
PROFITTO %	216,2 %	853 %
CRESCITA ANNUA COMPOSTA	26.91%	7.69 %
MAX DRAWDOWN	-46,9 %	-52.0 %

2000-2019	**STRATEGIA ALL IN**	
SALDO INIZIALE	$ 500	$ 146,500.00
SALDO FINALE	$ 291,391.97	$ 263,862.72
INVESTIMENTO TOTALE	$ 146,500.00	$ 146,500.00
DIP	$ 30,000.00	$ -
INGRESSI DIP	6	-
PROFITTO	$ 144,891.97	$ 117,362.72
PROFITTO %	98.9 %	80.1 %
CRESCITA ANNUA COMPOSTA	38.81%	3.08 %
MAX DRAWDOWN	-41.6 %	-52.0 %

NEL CASO DEGLI ALL in, la crescita del guadagno è data semplicemente dalla crescita del mercato, ovvero del valore di mercato del portafogli.

Le ragioni per cui esso cresce sono:

1. Gli ingressi;
2. I profitti;
3. Le perdite.

Poiché si tratta di periodi di tempo differenti, è chiaro che dal 1989 al 2019 è molto più grande il rendimento di quanto non lo sarà tra il 2000 e il 2019.

Questo accade perché la crescita nella strategia (26.91%) è data dai soldi che vi si investono; quindi, più se ne mettono più questa percentuale sale a parità di profitto.

Il fatto che siano crescite diverse nonostante tra il 2000 e il 2019 si sia investito più di prima è dovuto al fatto che l'ingresso a mercato in quel momento era favorito da prezzi favorevoli, dunque bassi.

La crescita si dice composta poiché fa riferimento all'effetto compounding.

Se si prende in considerazione l'all in della crescita tra il 1989 e il 2000 del 7.69 %, si osserva che questa sta a significare che se si investe a parità di risparmi e si arriva a questa percentuale, negli anni questa andrà ad aumentare.

ESEMPIO PORTAFOGLIO: RAPIDA CAPITAZIZZAZIONE

Dopo aver visto ed analizzato la strategia operativa, vediamo due esempi di portafogli ETF per una **rapida ricapitalizzazione del capitale e per la costruzione del fondo pensione.**

Ipotizziamo (per semplicità di calcoli) che il totale da investire sia 100.000 €.

Avremo una suddivisione fatta in questo modo:

Nasdaq100 (30%) - LU1681038243

Totale da mettere 30.000

Ticker ANX global titans (15%) - FR0007075494

Totale da mettere 15.000 €

Sp500 (20%) – LU0490618542

Totale da mettere 20.000 €

MSCI World momentum (15%) IE00BP3QZ825

Totale da mettere 15.000 €

Dax (Leva 2X) IE00B4QNHH68 (5%)

Totale da mettere: 5.000 €

Obbligazionario: Barclays Euro Government
Bond 3-7 Year (10%) - IE00B3VTML14

Totale da mettere: 10.000 €

Questa è la base di partenza.

Chiaramente seguendo la strategia operativa spiegata nel capitolo precedente, il portafoglio può essere incrementato quando vi sono storni importanti accumulando anno dopo anno e sfruttando l'interesse composto.

FONDO PENSIONE

Per chi invece volesse rimanere sul semplice, ecco un altro esempio ben bilanciato, acquistando solo due ETF e facendo un piano d'accumulo mensile **come fondo pensione**.

Io personalmente compro un tot. fisso ogni primo del mese e dimentico, mentre quando ci sono storni importanti entro con un capitale maggiore secondo la strategia spiegata nel capitolo precedente.

lyxor nasdaq100 (nasdaq) LU1829221024

ishare core msci world (fondo mondiale sui paesi sviluppati) IE00B4L5Y983

CONCLUSIONI

Abbiamo visto come sia possibile con pochi e semplici strumenti essere indipendenti e riuscire a crearsi un proprio fondo pensione.

La scelta della giusta strategia deve essere fatta in maniera consapevole dalla persona sulla base delle sue emozioni e sulla base della sua attitudine al rischio.

Questo è l'unico modo per essere profittevoli sul lungo periodo.

La conoscenza globale è imprescindibile, ma poi la differenza fra chi guadagna in borsa e chi perde la fa la strategia e la testa.

Non cercare di strafare nel voler dimostrare di essere un veggente o nel voler battere il mercato.

Se avrai questo tipo di approccio perderai solo soldi.

Fissati degli obiettivi a breve, medio e lungo termine, stabilisci un piano e non deviare mai da esso per nessuna ragione al mondo.

In bocca al lupo!

www.ingramcontent.com/pod-product-compliance
Lightning Source LLC
LaVergne TN
LVHW051016051026
849532LV00004BA/1242
9798215174159